"十三五"江苏省高等学校重点教材
编号:2019-2-252

创业进阶

主　编　桂德怀　刘绪军

扫码进入读者圈
轻松解决重难点

南京大学出版社

图书在版编目(CIP)数据

创业进阶 / 桂德怀，刘绪军主编. —南京：南京大学出版社，2022.8
ISBN 978-7-305-25074-3

Ⅰ.①创… Ⅱ.①桂… ②刘… Ⅲ.①大学生－创业－高等职业教育－教材 Ⅳ.①G717.38

中国版本图书馆 CIP 数据核字(2021)第 220535 号

出版发行	南京大学出版社	
社　　址	南京市汉口路 22 号	邮　编　210093
出 版 人	金鑫荣	

书　　名	**创业进阶**
主　　编	桂德怀　刘绪军
责任编辑	陆思洋　　　　　　　编辑热线　025－83596997
照　　排	南京开卷文化传媒有限公司
印　　刷	丹阳兴华印务有限公司
开　　本	718×1000　1/16　印张 9.5　字数 141 千
版　　次	2022 年 8 月第 1 版　2022 年 8 月第 1 次印刷
ISBN	978－7－305－25074－3
定　　价	28.00 元

网　　址：http://www.njupco.com
官方微博：http://weibo.com/njupco
微信服务号：NJUyuexue
销售咨询热线：(025)83594756

扫码教师可免费
获取教学资源

＊版权所有，侵权必究
＊凡购买南大版图书，如有印装质量问题，请与所购
　图书销售部门联系调换

前　言

创业，顾名思义，有创办企业、开创事业、创建新业等多种内涵，是通过努力使用资源创造出更大经济或社会价值的过程。因此，创业是一个古老而又年轻的话题，是一个面对现实而又充满挑战的活动，也是一个覆盖全球而又影响各行各业的行为。特别是随着世界经济、科技、社会和文化的发展，创业已经成为推动人类社会快速发展、人类文明不断进步的强大动力。

现如今，中华民族迎来了从站起来、富起来到强起来的伟大飞跃，社会发展取得了举世瞩目的伟大成就，实现中华民族伟大复兴进入了不可逆转的历史进程。但同时，世界正面临百年未有之大变局，全球正面临新冠疫情的严峻挑战，经济下行压力不断加大，我国正在奋进实现第二个百年奋斗目标，在经济、科技、文化、制度等方面不断改革创新，迫切需要一大批具有创新精神和创业能力的人才，这也是我国高等学校的时代责任和使命担当。党的十九大报告指出：激发和保护企业家精神，鼓励更多社会主体投身创新创业；大规模开展职业技能培训，注重解决结构性就业矛盾，鼓励创业带动就业。国务院办公厅印发的《关于深化高等学校创新创业教育改革的实施意见》《关于推动创新创业高质量发展打造"双创"升级版的意见》等一系列政策文件，强调创新创业是一个国家、一个民族发展的重要力量，也是推动人类社会进步的重要力量。但我们也发现，目前高等职业院校在技术技能人才、能工巧匠、大国工匠等的培养过程中，对于大学生创新思维、创新精神、创业意识、创业能力的培养明显不足，大学生对创新创业的曲解现象时有发生，对自身的创新创业能力和潜力还缺乏足够的自信。因此，加强大学生创业教育是一件迫切而重要的任务，要以立德树人为根本，以提升创新创业能力为突破，探索高职创新创业教育新路径，强化大学生创新创业教育培

训；要把创新创业教育和实践课程纳入高校必修课体系，建设一批优质课程，培养一大批创新创业人才。

本教材通过对创新创业"双创"工作、创业人才培养等政策文件的梳理，通过对行业企业的走访调查，深度了解行业企业的技术、产品、管理等方面的发展动向和对创业人才的需求，针对高职高专层面大学生的实际状况和认知特点、知识基础和能力水平，从创业的梦想与准备、流程与模式、融资与管理、品牌与文化四个维度，围绕创业的"梦想""政策""项目""管理""团队""资本""市场""风险""模式""战略""文化""责任"等十二个核心要素、二十五个进阶主题，从认知到体验、理论到实践、一般领域到专业范畴，逐渐丰富，逐步提升。每个章节内容分别采用了问题导入、案例分析、主题研讨或项目训练等多种组织形式和教学方法，凸显了教学方法的丰富性、实用性和有效性。同时，在教材建设过程中，重视课程思政建设，设置思政联结，包含思政元素和内容。本教材的教学资源也比较丰富，《创业进阶》课程也完成了在线开放课程建设，适合开展线上线下学习、翻转课堂或混合式教学。本教材已立项为江苏省"十三五"高等学校重点教材，可以为职业技术院校各专业公共基础课程、创新创业教育课程选用，也可作为企业人员继续教育或社会人员创业训练课程教材。

教材在编写过程中，参考和借鉴了国内外一些知名学者的研究成果，与江苏玄通、苏州圈时代等企业合作，学习和借鉴了兄弟院校创新创业教育的一些宝贵经验，得到了同行专家的指导和认可，也得到了苏州工业职业技术学院领导和同事的关心和帮助，得到了南京大学出版社的支持和帮助，在此一并表示感谢。也热忱欢迎广大同行和专家、老师和同学不断交流探讨、批评指正、完善提升。

桂德怀

2022 年 3 月于姑苏城

目 录

第一章 创业的梦想与准备 … 1

第一节 从"梦想"开始 … 3
第二节 做好准备再出发 … 9
第三节 把好关键问题 … 15
第四节 学会SWOT分析 … 21
第五节 防止"三化"现象 … 28

第二章 创业的流程与模式 … 33

第一节 熟悉公司注册流程 … 35
第二节 吃透政策文件精神 … 41
第三节 重视项目选择 … 46
第四节 巧妙选择项目 … 51
第五节 注重商业模式 … 55
第六节 了解合伙人制度 … 64
第七节 关注加盟模式 … 70
第八节 加强团队建设 … 74
第九节 关注生命周期 … 79
第十节 善于抓住机会 … 85

第三章 创业的融资与管理 … 89

第一节 学点融资本领 … 91

第二节　熟悉融资渠道 …………………………………… 94

第三节　关注风险投资 ……………………………………… 99

第四节　加强企业管理 …………………………………… 104

第五节　懂点精益管理 …………………………………… 108

第六节　学会规避风险 …………………………………… 115

第七节　重视知识产权保护 ……………………………… 120

第四章　企业的品牌与文化 …………………………………… 125

第一节　做好品牌战略规划 ……………………………… 127

第二节　加强企业文化建设 ……………………………… 132

第三节　做负责任的企业家 ……………………………… 137

综合练习 …………………………………………………………… 142

参考文献 …………………………………………………………… 146

01 第一章

创业的梦想与准备

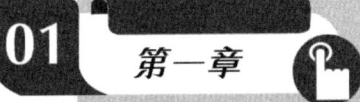

从"梦想"开始

做好准备再出发

把好关键问题

学会SWOT分析

防止"三化"现象

第一节
从"梦想"开始

 主题研讨

成功创业者

今天开始,我们将学习一些有关"创业"的知识和方法。谈到"创业",大家并不陌生,下面就请大家一起参与下列几个活动:

活动1:请写出你所知道的有影响力的成功创业者的名字,看看谁写得最多?

活动2:请你选择一个熟悉的创业者,介绍一下他(她)的创业故事。

活动3:你认为要成长为一名成功的创业者,需要具备哪些能力或特质?把你想到的内容都写下来,看看谁写得最多,并从中提炼出你们认为最重要的三项。

2014年9月,李克强总理在夏季达沃斯论坛上提出,关键是要进一步解放思想,进一步解放和发展社会创造力,进一步激发企业和市场活力,

破除一切束缚发展的体制机制障碍,让每个有创业意愿的人都拥有自主创业的空间,让创新创造的血液在全社会自由流动,让自我发展的精神在群众中蔚然成风。要在中国960万平方公里土地上掀起一个"大众创业""草根创业"的新浪潮,形成"万众创新""人人创新"的新态势。从此,"大众创业、万众创新"在中华大地蓬勃发展。

创新,时代发展的主旋律;创业,伟大时代的最强音!

一、什么是创业

《辞海》将"创业"定义为"创立基业"。学术界对创业也有多种理解和定义。有人认为"创业是一个发展和捕捉机会并由此创造出新颖的产品、服务或实现其潜在价值的过程",有人认为"创业是创办新企业、提供工作岗位、创造商业价值的行为",也有人认为"创业是正确地预测下一个不完全市场和不均衡现象在何处发生的套利行为与能力"。杰夫里·提蒙斯(Jeffry A. Timmons)在其所著的经典教科书《创业创造》中将创业定义为:创业是一种思考、推理并结合运气的行为方式,它为运气带来的机会所驱动,需要在方法上全盘考虑并拥有和谐的领导能力。

关于创业的定义,有"能力说""价值说""过程说""结果说"等多种不同的界定,大家的侧重点有所不同,但他们都有共同的关注点:创业者、创业机会、创业资源,这是创业的基本要素,构成创业的基本模型,如图1-1所示。

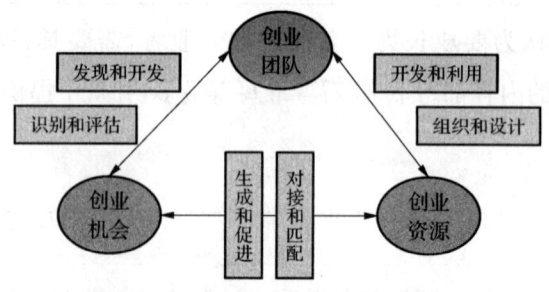

图1-1 创业的基本要素与模型

由此，可以给出创业的基本概念：创业就是创业者发现创业机会、整合创业资源、开创新的事业，创造出更大经济价值或社会价值的过程；是一种需要创业者组织经营管理、运用技术或服务创造新产品、新服务、新市场的行为。

二、创业从哪里开始

我们知道创业有三个基本要素，那么创业是不是要等到创业者或创业团队齐全、创业机会成熟、创业资源丰富以后才能开始呢？换句话说，创业究竟从哪里开始？

有人坚信"互联网会改变人类，改变人类生活的方方面面"，于是辞掉了工作，创办互联网企业，去追求自己的梦想。有人因为"人一出生需要月嫂、中年需要保姆、老年需要护工，人生的三个阶段都需要阿姨"，于是创办了"三个阿姨"信息科技有限公司，致力于为大众提供优质的家政服务。有人发现"医用护目镜在使用中很容易起雾遮挡视线"，于是组织研发了一种含有亲水纳米材料的湿巾，涂抹在镜片上，能让镜片长时间不起雾，同时还起到消毒杀菌的作用，并将相关产品捐赠给抗疫一线，立志用科技保障新冠肺炎疫情防控工作。

当然，每一个创业者可能都有不同的想法或追求，有人想当老板，有人想当富翁，有人想当企业家；有人想体验人生，有人想挑战自我，有人想展示才华；有人想脱贫致富，有人想振兴乡村发展，有人想为中华民族的伟大复兴做出更大的贡献，等等。纵观历史上诸多成功创业者或优秀企业家，我们发现他们都怀揣一种梦想和追求，坚守一种理想和信念，持之以恒，奋力拼搏，终于赢得了成功！

习近平总书记在致2013年全球创业周中国站活动组委会的贺信中强调："青年是国家和民族的希望，创新是社会进步的灵魂，创业是推动经济社会发展、改善民生的重要途径。""创业梦、中国梦，有利于激励更多青年特别是青年学生开启创业理想、开展创业活动，为实现中华民族伟大复兴的中国梦贡献力量。"

梦想是创业者的启明星,是创业者的探路灯,也是创业者的动力源。各位同学,让我们放飞创业的梦想吧!

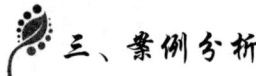

三、案例分析

案例1

倩倩,一个年仅25岁的女孩,做出了一个大胆的决定:辞去某机关文职工作,准备自己创业。机关文职工作是多少人的期望和追求,她的亲朋好友得知这个消息后,都难以接受,纷纷前来劝阻,但是,倩倩义无反顾地辞去了工作,她坚信:"找准目标,坚持不懈,创业路上就会鲜花盛开!"

辞职后,倩倩与两名志同道合的朋友合伙,开了一家"水果花"主题店,开启了创业之路。水果花,就是用新鲜水果做原料,融合花卉设计灵感,搭配巧克力制成的底座,塑造出令人赏心悦目的花卉形状的"水果花"这种具有创意的水果礼品。倩倩凭借对水果花艺术的向往,希望把水果花艺术推广到寻常人家。但理想是丰满的,现实是骨感的,创业初期,产品单一、成本较高、消费者的认同有限等因素,导致倩倩的小店经营亏损。但倩倩并没有气馁,而是寻找机会参加培训,学习西点制作、时尚花艺。后来,她把时尚花艺和低糖蛋糕结合,开发了一款新的品种,倡导低糖、低脂、健康的生活理念,为客户提供便捷的、一流品质的服务,这种创新很快赢得了消费者的认可。倩倩进一步做好市场需求调研,创立品牌,注册商标,参加创业文化节展示活动、微型企业创业大赛,不断取得了优秀成绩。让糕点与鲜花、水果完美相融,呈现出独具匠心的创意,点燃生活的激情,倩倩和团队信心饱满,不断拓展主营业务,从花艺、蛋糕、气球派对到葡萄酒、茶艺等多个系列,她用心经营着这份幸福又甜蜜的事业和美好的追求。

一分耕耘,一分收获,倩倩的创业,在经历酸甜苦辣之后,逐渐走上了发展的正轨。正如她自己所说:"梦想与现实就是亲姐妹,我们既要有梦想,又要脚踏实地做好每一件事,只有这样,梦想才能变成现实。"对倩倩来说,坚持创业最大的信念,便是心中的"梦想"。

问题思考

1. 倩倩辞去机关文职工作,决定自己创业,你对此有何评价?

2. 倩倩辞职后的创业项目是"水果花"主题店,你对这个创业项目有何评价?

3. 倩倩创业后遇到经营亏损,但她没有放弃,她是如何做到的?

4. 倩倩在创业过程中,通过创新产品、提高品质,让创业走上正轨,取得成功,这个过程给我们带来什么启示?

案例 2

李克强关于"大众创业万众创新"的讲话与"闯先生"的创业梦

[中国新闻网] http://www.chinanews.com/gn/2014/12-08/6853178.shtml

扫码见
案例2全文

问题思考

1. 在南开大学周恩来政府管理学院读博士的汤明磊放弃去哈佛大学交流的机会,南开大学中文系毕业生田标辞去大型国有企业的稳定工作,他们加入同一个初创的小公司——天津闯先生网络科技有限责任公司,你认为他们的选择是明智的吗?如果你是汤明磊或田标,你会这样选择吗?为什么?

2. 他们用"闯先生"为公司命名,这里的"闯先生"有什么寓意?

3. 汤明磊和田标想通过创办一个企业来针对创业企业"招聘难""融资难""落户难""发展难"的四大痛点,提供合伙人招募、资金对接、场地推送与商业模式打磨四大核心服务,而实际上"闯先生"自身就是一个新创办的企业,他们为何有信心提供这四大核心服务?

4. "闯先生"的团队成员常常工作至凌晨,但他们乐此不疲。你认为是什么精神或动力在支撑他们?

练习题

一、单选题

创业机会是指创业者可以利用的(　　)。

A. 市场机会　　　　　　B. 技术机会

C. 商业机会　　　　　　D. 政策机会

二、多选题

创业的功能包括(　　)。

A. 推动经济增长　　　　B. 创造就业机会

C. 提高环境质量　　　　D. 促进社会进步

三、判断题

有梦想的人创业一定能取得成功。　　　　　　　　　　(　　)

四、方案设计

以"我的创业梦"为主标题,可添加副标题,写一篇800字左右的创业计划。

第二节
做好准备再出发

创业准备

有人说:"创业是一场想走就走的旅行。"也有人说:"创业不是一蹴而就的事情,不能冲动。"你对此有何评价?

_____

_____

你想创业吗?你有创业的梦想和追求吗?你做好了创业的心理准备和物质准备了吗?

当今时代,是创业的大好时代,创业梦想也许并不遥远。

如果你有兴趣爱好,你就可以把兴趣培养成个人的特长;

如果你有专业技术,你就可以把专业转变成创业的资本;

如果你有社会资源,你就可以把资源聚集成事业的源泉!

但无论如何,我们在创业之前,都要充分做好必要的心理准备和物质准备。

首先,我们要充分认识到,创业是一项高难度的、具有挑战性的工作。

选择创业,就意味着要放弃打工,再好的工作都与你无缘,机会成本很高；

　　选择创业，就意味着要创新项目，从哪儿去挖掘合适的项目，你要费尽心思；

　　选择创业，就意味着要抢占市场，如何适应市场的千变万化，你要摸爬滚打；

　　选择创业，就意味着要组建团队，如何挑选和管理好团队，你要绞尽脑汁；

　　选择创业，就意味着要投入资金，从哪里筹集到创业资金，你要到处求人。

　　所有这些工作，都需要我们拥有强大的心理、强健的身体、强烈的欲望、坚强的意志和超强的承受能力。

　　谈业务。公司要生存，企业要发展，就必须不断地发现业务、承接业务、拓展业务、处理业务，这就可能需要自己去联系、去洽谈，要面对不同合作方带来的时间要求、条件要求、利益要求等压力和不确定性招致的各种风险和挑战，有时还要在谈判桌上进行实力的较量、智慧的较量、人际关系的较量等等，这些都是不小的压力。

　　跑项目。项目是企业生存和发展的依托，没有项目往往就没有订单、没有生意可做，因此需要花费很多的时间和精力来找项目、谈项目，有时不分白天黑夜，顾不上妻儿父母，拖着疲惫的身躯很晚回家也许就是常态。政策的制约、对手的竞争、客户的刁难、爱人的抱怨、孩子的埋怨、资金的短缺、团队意见的分歧，等等，一系列的困难和压力，扑面而来，都需要你去面对、去决策、去承担。

　　管团队。团队是企业的生命力，团队管理是人的管理，也是最复杂、最艰难的工作，考验着你的智慧和能力。谁适合做高层管理，谁适合做中层管理，谁适合做基层管理，谁适合做一线员工，这些都需要从方方面面综合考虑。还有，这些人从哪里找得到？从人才市场还是高校，从其他公司还是其他单位，用什么条件把人吸引过来？如果三天两头有人提出要加薪，有人提出要分成，有人提出要离职，你该怎么办？假如团队中有跟你对着干的、站着看的、磨洋工的、意见不一致的、拉帮结派的人，你怎么处理？团队中有不听话的、听话不落实的、落实不卖力的、合理诉求得不到满足的人,你该如何解决?一系列影响士气、影响团结、影响战斗力、影响发展和创新的因素,往往都会让你焦头烂额、措手不及。

期盼创业,志存高远;投身创业,要面对现实。创业是一座实现自我价值的桥,也是一条荆棘丛生的路。创业的背后充满各种风险与挑战、艰辛和困难。要创业,首先要在心理和身体、项目和资金、管理和团队、场地和设备、政策和市场等方面做好充分的调研和论证准备,既要做好成功目标的定位,也要做好失败结局的应对;既要做好身体锻炼的计划,也要做好身体透支的准备;既要做好团队拼搏的路径设计,也要做好团队涣散的策略应对。

一般地,创业前还要做好以下准备工作:

第一步:挑选最合适的创业项目。对一个创业者而言,首先要做的是决定自己将从事哪一种行业、哪一类项目?这是决定性的一步,正如俗话说"人怕入错行",尽管古人云"三百六十行,行行出状元",但并不是每个行业都适合你。在你做出决定之前,要充分了解自己在哪些方面有兴趣、有创意、有潜力,而不能简单地用"这个行业赚不赚钱"作为自己选择创业方向、创业项目的唯一依据。

第二步:坚持学习充电和市场调研。一旦有了创业的意向、创业的方向、创业的点子,就要尽量多学习相关资料,多接触相关行业组织,多咨询业内成功人士,多开展市场调研,充分了解项目的优势与不足、市场行情与发展前景、竞争对手与合作伙伴、资源供给与供应链体系、规章制度与政策保障等。只有对行业状况、项目情况掌握得越多、了解得越深、把握得越准,创业成功的机会才会越大。

第三步:慎重选择公司或品牌名称。好的公司或品牌名称要能充分反映公司的产品或服务的特性,展现与众不同的特点和在行业中的特色。好的公司或品牌名称能够在消费者或顾客心目中制造一种亲切感、认同感,有助于建立品牌的形象,激发顾客的购买欲望。选择公司或品牌名称时应该具有一定的前瞻性、独特性和新颖性。当然,公司或品牌的名称不宜冗长、生僻、拗口,否则不利于消费者记忆或表达。在确定公司或品牌名称之前，还要做名称调查验证，避免所选名称已被其他公司登记使用或已被公司商标法保护。

第四步：决定公司的合法组织架构。在开办公司前必须选择适合创业的法定组织架构，首先要明确是自己创业，还是合伙创业。如果选择合伙创业，那么公司的起始资本如何分配？合伙创业的模式可以是有限股份公司或集团公司，选择哪种公司制度，需要先了解各种公司组织形态的利弊及运筹方式，从而做出合适的、理性的选择。

第五步：评估一份具体的预算报告。要经营一家公司或企业必须有充足的流动资金，并且能与实际经营运作时所需要的开销基本保持平衡。因此，草拟一份年度预算表是非常必要的。草拟出一份精确的年度预算表也不是一件容易的事，低估预算、遗漏项目时有发生。在开始编制预算时，必须注意的是公司初创第一年的年度预算应该包括公司首次营运费用和持续营运时每个月的开销。一份理想的预算报告，在编制预算时，最好稍微调高所需预算比例，直到公司可以负担营运成本。可以听取其他同行或专家的建议，把最好和最坏的财务评估状况折中试算，然后把预算设定于两者之间。必要时，可以请会计事务所帮助编制预算报告。

第六步：选择一个与公司业务特点相匹配的合适地址。在决定自主创业、选好创业项目后，最重要的就是选址问题，选址对于办公司、开店铺都至关重要。人们常说，一个好的选址就是创业最好的开端，也等于创业成功了一半。不论创立任何企业，地址的选择都是决定成败的一大要素，尤其是以门市为主的零售、餐饮等服务业，店面的选择更是成败的关键。

尽管选择经营场地，各行业的考虑重点有所重合，但是有两项因素是不能忽略的，即租金给付能力和租约条件。经营场地的租金是最固定的营运成本之一，也是经营者的一大负担，即使公司休息不营业，也要照常支出这笔费用，因此，场地的选择不能只追求宽大、便捷。有些货品流通快、体积小而又不占空间的行业，如精品店、高级时装店、餐厅、研发型公司等，空间要求不会太大，企业能够负担起较高房租，可以设置在高租金区；而对于家具店、旧货店、生产加工类公司等需要较大空间的行业，最好设置在低租金区。

租约也有固定价格及百分比两种支付方式,固定价格的租金在租期内是不变的,只要按照约定的方式支付即可。百分比方式的租金相对较低,但业主要按照一定的百分比分享总收入,类似用店面投资做股东。租期也可以订为不同时限,对初次创业者来说,一般订为一至两年的租期,以便后期有新的选择。

第七步:募集充足的创业资金。 创业需要投资,需要"用钱来创造财富"。在诸多创业失败的案例中,资金的不足、资金链断裂往往是创业者黯然告退的主要原因。因此,在公司正式营运前要募集充足的资金,要充分预估到公司在初创的第一年内可能无法赢利,要做好万全的准备,要能支付公司正常的营运开销,以便渡过难关。

创业者募集创业资金的渠道有多种,比如:向亲戚、朋友、银行借款,房屋抵押贷款,甚至是信用卡借贷等。但要注意的是,作为一个创业者,要善于运用多种渠道募集充足资金,为创业提供保障,不可只从单一渠道获取资金,以免资金吃紧时找不到应急策略。

第八步:了解相关法律条文,完成公司登记。 在公司开始营业之前,必须要了解相关法律法规、执照或许可证申请流程。各地对企业申办流程的要求有所不同,具体可向工商管理部门咨询。

总而言之,想创业,如果做好了艰苦奋斗的准备,那就出发吧!

一、单选题

创业是一种什么活动?(　　)

A. 思想　　　　B. 体力　　　　C. 社会经济　　　　D. 创新

二、多选题

创业准备工作涉及哪些要素?(　　)

A. 资金　　　　B. 场地　　　　C. 风险　　　　D. 人员

三、判断题

创业是一项高难度的、具有挑战性的工作。　　　　　　　　　　（　　）

四、大学生创业调查

你来自哪里,今年多大?你考虑过创业吗?你认为创业最大的困难和阻碍是什么?

五、讨论题

如果你有50万元,你会选择做什么?

第三节 把好关键问题

 主题研讨

创业项目

假设图3-1中的产品是一个创业项目,请大家围绕这款产品讨论下列问题:

图3-1 一款创业产品

① 你知道这款产品的名称是什么吗?
② 你知道这款产品能用来干什么吗?

③ 你知道这款产品的优点是什么吗?

④ 你知道这款产品的特点是什么吗?

⑤ 你能说出这款产品的缺点是什么吗?

⑥ 你认为这款产品定价多少较合适?

⑦ 你认为这款产品最适合哪类人群?

⑧ 你认为这款产品的竞争对手是谁?

创业是一项有价值又充满艰辛、有挑战又令人充满期待的工作。为了最大限度地降低创业风险,提高创业成功率,我们在创业之前要进一步把好十个关键问题,尽可能地做到知己知彼,百战不殆:

1. 你的创业目的(purpose)是什么

如果选择创业,那么你的根本目的究竟是什么?

是想自己当老板,风光荣耀;还是想赚很多钱,发家致富?

是想展现才华,实现自我价值;还是填补市场空白,满足社会需求?

是想挑战自我,挖掘个人潜力;还是面临困境,背水一战?

创业前,你必须要厘清思绪、想清目的。如果你还想不清、道不明,说明你的创业还处在模糊阶段。

当然,不同人选择创业往往有不尽相同的目的,对于家境困难的人来说,创业是为了发家致富,改善生活过上好日子;对于收入稳定的人来说,创业是出于某种兴趣与好奇、某个念头与创意;对于有钱人来说,创业是为了挑战自己,再上一个台阶。实际上,创业的目的也不止是赚钱,还有为社会提供服务,为国家和民族富强贡献力量。

2. 你的创业项目(project)是什么

如果选择创业,你就必须提供产品或服务项目。那么,你就要清楚产品或服务项目的十项内容(十个"是什么"):

① 名称是什么;② 功能是什么;③ 属性是什么;④ 用途是什么;⑤ 优点是什么;⑥ 特点是什么;⑦ 缺点是什么;⑧ 价格是什么;⑨ 适用人群是什么;⑩ 竞争对手是什么。

如果你无法明确说出自己的产品或服务项目的十个"是什么",究竟能解决什么问题,表明你对创业项目并不是很了解,你的创业项目还极不成熟。

3. 你的核心竞争力(competitiveness)是什么

如果选择创业,要在激烈的市场竞争中立于不败之地,你就必须拥有自己的核心竞争力。那么,你创业的核心竞争力到底是什么?是产品或服务的质量、价格、稀缺性、技术含量、研发团队、营销模式、社会资源?还是资金、机制、管理、创新?你必须清晰明了,否则没有核心竞争力的创业是很容易被兼并、被替代、被淘汰、被竞争对手击败的。所以,在创业选择时,就要培养、挖掘、打造你的核心竞争力。

4. 你的创业团队(team)是什么

如果确定选择创业,那么你是否拥有一支优秀的创业团队?人员数量、学历结构、年龄结构、从业经验、行业影响力、价值取向、忠诚度、创新能力、拼搏精神、管理模式等方面都是创业团队的核心要素。

一个好的创业团队,一定是有共同的价值和目标追求、合理的学历和年龄结构、互补的能力和技能特长,能共同承担压力和责任的团队。创业成败与否,最重要的因素就在于团队,有战斗力的团队才能在逆境中崛起,在顺境中腾飞!

5. 你的目标客户(customer)是谁

选择创业后,你为谁提供产品或服务?你的目标客户到底是谁?对你的产品或服务存在需求并且具备一定购买能力的客户在哪里?规模多大,区域分布情况如何,消费能力如何,有效开发或挖掘的路径是什么?你要通过认真细致的市场调研,清晰地把握你的目标客户。

6. 你的竞争对手(competitor)是谁

创业的竞争是激烈的,甚至是残酷的。存在竞争对手从侧面说明这个项目有市场需求,未必全是坏事,但如果竞争过于激烈,消费者对现有产品或服务已经建立起固定的消费习惯,说明这样的市场已经被占领,新的产品

或服务也许难以进入。因此,你必须了解你的竞争对手是谁,他们的竞争优势是什么,他们的市场份额占多少。同时,最好还要了解他们的弱项在哪里,他们的不足或缺陷在哪里。只有清楚地了解对方,才有助于你错位发展、扬长避短、弯道超车。

7. 你获取资源的主渠道(channel)是什么

任何一种创业都需要人、财、物的支持,需要时间、空间和政策的保障。你创业所需要的资源在哪里,获得资源的渠道有哪些,获取资源的渠道是否畅通、是否稳定、是否多元、是否形成网状连接、是否存在潜在风险、是否具有应急方案?如果你还没有有效渠道获取所需要的合适资源、全部资源,那么你当前的创业条件还不够成熟。

8. 你的产品或服务成本(cost)是多少?

你提供的创业产品或服务一定存在各项成本,你的成本究竟是多少,由哪些主要成分组成?哪些是固定成本,哪些是可变成本?它与同类产品或服务相比,有没有成本竞争优势?你对成本管控有哪些措施?成本有没有降低的可能?你的边际成本是多少?这些问题都需要事先做好认真的分析和测算。

成本是企业为生产商品或提供劳务所耗费的物化劳动和活劳动中必要劳动价值的货币的体现,是商品价值的重要组成部分。关于成本的含义也有多种不同的理解,一般认为,成本是生产和销售一定种类与数量产品以耗费资源用货币计量的经济价值。如企业生产产品时需要消耗生产资料和劳动力,这些消耗用货币来计量,就是材料费用、折旧费用、工资费用等。企业在销售活动中所发生的费用、为了管理生产所发生的费用,都应该计入成本。成本也有多种分类:根据生产经营的范围可以分为生产成本和销售成本;按发生与产品生产的关系,可分为直接成本和间接成本等等。另外,成本中还有固定成本和变动成本之分。固定成本是指成本总额在一定时期和一定业务量范围内,不受业务量增减变动影响而能保持不变的成本,如厂房和机器设备的折旧费、房屋租金、管理人员的工资等;

变动成本是指随着业务量的增减变动而变动的成本,如原材料成本、制造费用、销售成本等。

一般地,企业总成本＝固定成本＋变动成本。因此,要降低企业成本,主要是通过降低可变成本,如节约材料消耗、提高劳动生产率、实行定额成本的管理、加强企业成本的预算控制以及实施全面的成本管理模式等。

9. 你实现收支平衡或盈利的手段(means)是什么

创业想持续生存和发展,就要实现收支平衡或盈利。那你是否清楚公司经营的一系列产品或服务中哪些是盈利的、哪些是亏损的?什么时间、什么季节,在什么区域或什么背景下是盈利的?如疫情期间,口罩需求量的增大从而使制造口罩的企业盈利,一个企业要知道通过什么措施、手段或方法来实现收支平衡或盈利,制定出一套详细的、可行的实施方案来解决公司的日常运营和资本积累问题。

10. 你保障投资者获利的途径(way)是什么

创业的持续发展需要合作共赢,如果你希望在创业的过程中,有人与你风雨同舟,携手同行,帮助你成长,那你必须知道如何让他们从中获益、保障投资者获利的路径在哪里、有多大的获利空间、有多久的获利时间,从而调动投资者的积极性,保障投资者的合法利益,维护你的企业不断发展壮大。

这十个问题,对任何创业者来说,都是需要认真思考、正确面对的基本问题,也是创业取得成功的关键问题。

一、单选题

关于企业核心竞争力,下列说法不正确的是(　　)。

A. 它是一个复杂的、多元的系统

B. 企业所有的资源都能形成核心竞争力

C. 它的形成一般经过三个阶段：确认、培养和扩展

D. 衡量企业的核心竞争力比较困难，因此只能从市场层面、技术层面及管理层面做定性分析

二、多选题

1. 企业核心竞争力主要体现在（　　）。

　　A. 关系竞争力　　　　　　　B. 资源竞争力

　　C. 协调竞争力　　　　　　　D. 收益竞争力

　　E. 能力竞争力

2. 企业可以根据竞争对手的以下哪些情况来决定自己的对策？（　　）

　　A. 竞争对手的强弱　　　　　B. 与本企业的相似程度

　　C. 竞争对手的生产能力　　　D. 竞争对手的表现

　　E. 竞争对手的规模

三、问答题

1. 选择好的创业项目，需要把握好哪些关键问题？

2. 你认为一个什么样的项目才算好的创业项目？

第四节
学会 SWOT 分析

主题研讨

项目分析

城市生活节奏越来越快,很多上班族早晨都来不及做早餐、吃早饭。家住山东的张某来到苏南某城市调研后发现,面条、水饺还是很受市民欢迎的,于是,他决定在这个城市的商业街开一家饺子店。为了与其他店铺错位经营,他决定不卖机器加工的饺子,而是专门经营他们家乡手工制作的水饺,如图 4-1 所示,并打算为店铺取名"来自家乡的手工水饺店"。

图 4-1　来自家乡的水饺

问题思考

1. 你认为张某选择家乡的手工水饺在南方城市创业,这是不是一个好的创业项目?他的优势是什么?

2. 张某是在南方城市调研后决定创业的,你认为张某创业前的准备是否充分,还需要做些什么?

3. 你认为张某的这个创业项目存在哪些劣势,会遇到什么样的挑战?

4. 如果张某想稳妥推进这个创业项目,并做大做强,他该怎么做?

对于一个想创业的人来说,不管内心多自信、点子多绝妙、资金多充裕、对团队多满意、对市场多期待,在真正创业之前,还是要冷静下来,停下脚步,对创业项目做一个全面的 SWOT 分析,判断一下成功或失败的可能性,尽量减少风险,为创业铺平道路。

下面简单介绍对创业做 SWOT 分析的三大步骤:

一、熟悉 SWOT 分析框架

1. SWOT 的内涵

SWOT 分析法,又称态势分析法,是一种战略分析方法,是基于内外竞争环境和条件的态势分析,对被分析对象的优势、劣势、机会和威胁等进行调查、列举,并依照矩阵形式排列。再用系统分析的思想,将各种因素相互匹配,进行全面、系统、准确的分析与评估,得出系列结论,从而制定相应发展战略、计划以及对策。S 是指竞争优势(Strengths)、W 是指竞争劣势(Weaknesses)、O 是指机会(Opportunities)、T 是指威胁(Threats),前两者是企业内部因素,后两者是企业外部因素。SWOT 分析法就是指通过内部资源、外部环境的有机结合判断被分析对象的资源优势和缺陷,以及所面临的机会和挑战,从而在战略和战术层面调整方法和资源,保障被分析对象的实施能达到预期的目标。

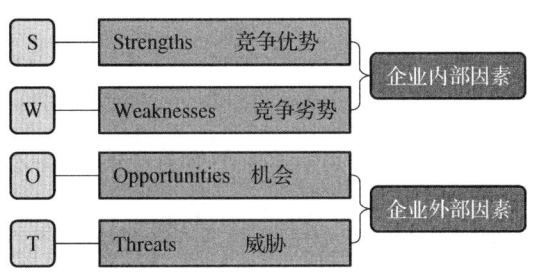

图 4-2　SWOT 分析法

企业内部资源与外部环境的有机结合会发挥各自作用的统整,形成企业的发展战略,不同的组合方式会产生不同的战略模式,为企业提供不同的战略选择。其中,SO 战略是增长型战略,ST 战略是多种经营战略,WO 战略是扭转型战略,WT 战略是防御型战略。

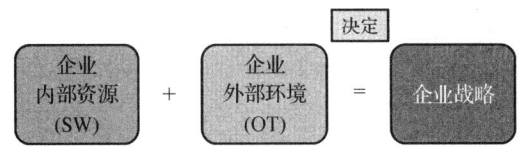

项目	优势(S)	劣势(W)
机会(O)	◆SO 战略——增长性战略 (进攻策略,最大限度地利用机会)	◆WO 战略——扭转型战略 (调整策略,战略转型)
威胁(T)	◆ST 战略——多种经营战略 (调整策略,多种经营)	◆WT 战略——防御型战略 (生存策略,严密监控竞争对手动向)

图 4-3　企业战略模式

2. SWOT 分析矩阵

将 SWOT 中的优势、劣势、机会、威胁四个要素组成一个二阶矩阵,优势与劣势位于矩阵的第一行,机会与威胁位于矩阵的第二行。对第一行内部环境的分析采用 QCDDMS 法,在优势与劣势方面,Q 是指品质(安全性、稳定性和可靠性)、C 是指成本/价格、D 是指产量/效率/交付能力、D 是指产品研发/技术、M 是指人才/设备/物料/方法/测量、S 是指销售/

服务。对于第二行的外部环境发展则采用 PEST 分析法，在机会与威胁方面，P 是指政治/法律/政策、E 是指经济、S 是指社会文化/市场、T 是指技术。

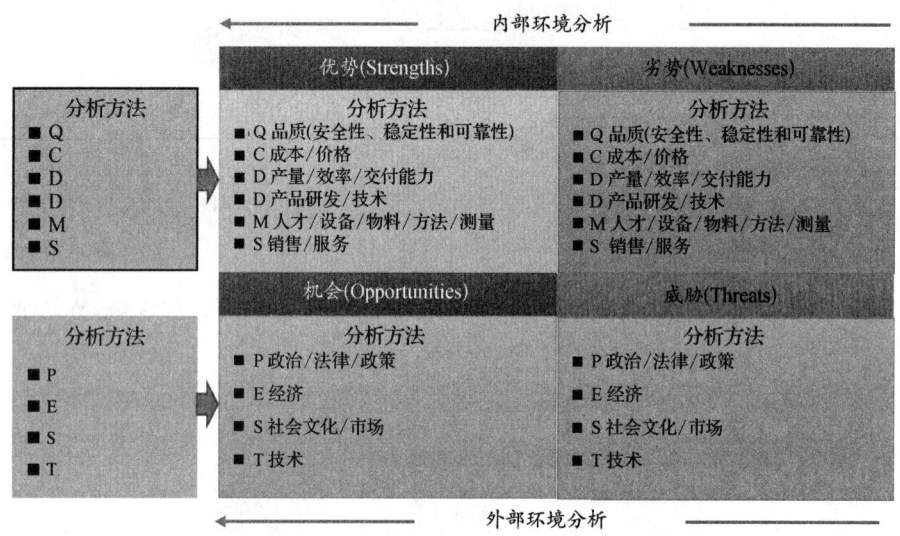

图 4-4 SWOT 分析矩阵

在构造 SWOT 矩阵的过程中，将分析出来的内容按照轻重缓急和影响程度进行排序，将对公司发展有直接的、重要的、深远的影响的因素优先排列出来，而将其他影响因素列在后面，优先顺序评价按照下表要求赋分。并根据以下三项的评价合计分数综合做出优先排序：

表 4-1 影响程度评价表

项目	评价		项目	评价		项目	评价
重要度	5	非常重要	紧急度	5	非常紧急	影响度	5	影响非常大
	4	很重要		4	很紧急		4	影响很大
	3	重要		3	紧急		3	影响大
	2	不重要		2	不紧急		2	影响不大
	1	很不重要		1	很不紧急		1	影响很小

然后再将各要素按分数高低依次填入下表：

表 4-2　影响因素评价表

区分	内容	优先顺序				区分	内容	优先顺序			
		重要度	紧急度	影响度	NO			重要度	紧急度	影响度	NO
S						W					
O						T					

二、制定战略计划

1. 基本思路

发挥优势因素,分析并克服劣势因素;

利用机会因素,识别并规避威胁因素;

充分考虑过去,立足当下,着眼未来。

2. 外部环境分析和对策

为了将劣势减到最小层面,将威胁降到最低程度,我们需要对劣势和威胁做深度分析,具体可按照下列表格的要求逐步开展:

表 4-3　劣势和威胁评价表

区分	NO	内容	现状调查	原因分析	对策措施	目标	担当	展开日程			效果评价
								1月	2月	3月	
劣势W											
威胁T											

3. 制定策略

根据对以上因素的分析，我们将内外因素进行组合，便可以得到：

WT对策——最小与最小对策，充分考虑弱点与威胁因素，努力将它们减到最小层面，这是比较悲观的对策，说明外部有威胁、内部有劣势，只能减少内部劣势，同时回避外部的威胁。

WO对策——最小与最大对策，着重考虑弱点和机会因素，努力使弱点趋向最小、机会趋向最大，这是苦乐参半的对策，说明外部有机会、内部有劣势，只能充分利用外部资源弥补内部的劣势。

ST对策——最大与最小对策，着重考虑优势与威胁因素，努力使优势因素趋向最大、威胁因素趋向最小，这也是苦乐参半的对策，说明内部有优势、外部有威胁，只能充分利用内部的优势回避或减轻外部的威胁。

SO对策——最大与最大对策，着重考虑优势与机会因素，努力使这两种因素都趋向最大，这是比较理想的对策，说明内部有优势、外部有机会，这就需要充分发挥内部优势，抓住外部发展机遇。

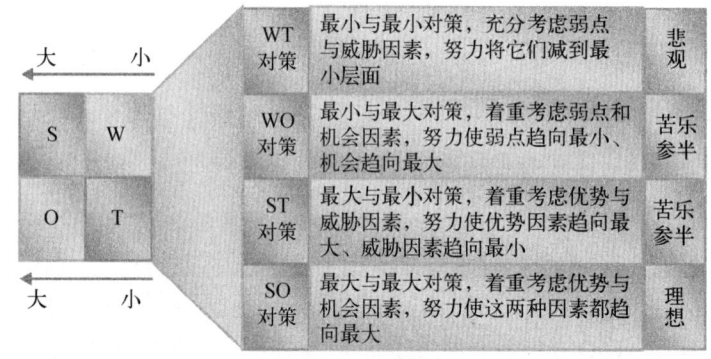

图4-5 四大对策

三、了解SWOT分析注意事项

做SWOT分析，要客观认识创业的优势与劣势；
做SWOT分析，要清晰区分创业的现状与前景；

做SWOT分析,要全面考虑创业的要素;

做SWOT分析,要与竞争对手进行比较;

做SWOT分析,要简洁明了,避免复杂化和过渡分析。

一、单选题

采用SWOT分析方法对企业内外部环境进行综合分析。其中,T表示(　　)。

A. 优势　　　　B. 劣势　　　　C. 机会　　　　D. 威胁

二、多选题

对企业做SWOT分析时,主要关注企业的哪些要素?(　　)

A. 优势　　　　B. 劣势　　　　C. 机会　　　　D. 威胁

三、判断题

在SWOT分析中,SO战略是增长型战略,WO战略是防御型战略。(　　)

第五节 防止"三化"现象

同质化竞争

2021年8月,中国青年报刊登了一篇文章《避免同质化竞争 返乡创业思路再不改变就来不及了》,具体内容见二维码。

扫码见全文

https://kd.youth.cn/a/V60Km5YlOdjmeNa

问题思考

1. 丘建良放弃在外面跑长途货运业务,返乡创业,办起了养猪场,还带领贫困村民脱贫致富,你对此有何评价?

2. 2019年受非洲猪瘟的影响,各地生猪养殖量大幅减少,猪肉价格急剧上涨,2020年镇子里陆续开起不少养猪场。随着玉米价格的上涨,猪饲料价格也涨了起来,新加入的养殖户开始寻找新品种饲料或参加各种养殖技术的培训,这让丘建良开始焦虑了。请你分析丘建良为什么开始焦虑?

3. 杨媚从深圳返乡后,自己创业,在一所乡镇初中的附近开了一家理发店,开始感觉还不错,但后来由于店租上涨,学生群体的规模不大,生意比较平淡。你对杨媚的理发店创业项目作何评价？

近年来，全社会创新创业热潮四起，大学生创业、农民工返乡创业等现象不断出现。但同时，也出现创业者不创新、同质化现象严重等问题，从而导致创业项目层次不高、质量不高、利润不高、规模不大、企业生命周期不长等现象的发生。

面对大好的创业时代，拥有创业梦想的人或许日益增多；

面向"大佬"的创业事例，追逐创业成功的人或许蠢蠢欲动；

面临大量的高新技术，期望弯道超车的人或许亢奋不抑。

但不管如何，创业是一件极其慎重、严肃和需要创新的工作，在创业的过程中，要避免出现过度同质化、过分空心化、过快规模化的"三化"现象。

1. 过度同质化

现在社会上存在一种现象，就是一看到别人有赚钱的项目，其他人就会蜂拥而上。诸多创业者并不缺乏敏锐的嗅觉，对于街坊邻里、村里乡外的一些"创意""热点"或"风口"的项目，只要看到别人赚钱，就削尖脑袋往里钻，模仿的、抄袭的、照搬的，源源不断。我们也经常看到，一条街上的店铺经营相同的产品，采用雷同的营销模式，同质化现象很严重，那么就会造成相互之间恶性竞争。

早在 2008 年 11 月创立的，以网友团购为经营模式的美国 Groupon 团购网站获得成功之后，国内的团购网站一度多达近 6 000 家。在历经轰轰烈烈的"千团大战"之后，存活率只有 3.5%，作为业内翘楚的美团也只是到 2013 年底才实现微利。再如可穿戴设备曾经很火爆，全国一度有上百家公司在做手环，后来小米进入该领域，其他品牌几乎都销声匿迹了。无论哪个行业，大量同质化产品的出现必然会导致社会资源的极大浪费，竞争如果不是以产品质量和用户体验为基础，那么就很容易走进价格战或是削减成本、降低质量的恶性循环。在同质化程度高的行业里，难以产生赢家。因此，与其在浅滩上与同质化的竞争对手厮杀，不如深耕一个细分市场,与异质的、错位的伙伴一起形成互利共生、互生互助的良性生态圈。这也是我们创业者在选择创业时必须高度重视的第一个问题。

2. 过分空心化

现在有不少创业者,有的只是奢望和美梦、热情和冲动,却没有合适的项目、核心的技术和优秀的团队,这样的企业就是过分空心化。缺乏这三个关键要素的企业可能就是一个"皮包公司"。

在这三个关键要素中,优秀的团队更是重中之重。没有一个优秀的职业经理人,没有一支得力的中层管理队伍,没有一批充满活力的基层员工,再好的项目也得不到很好的实施,再好的技术也形成不了有效的竞争力。优秀团队的缺失是企业最致命的短板,而这一现象非常普遍,几乎随处可见。新创办的企业找不到优秀的经理人,选不出合适的主管,招不到满意的员工;已创办的企业面临高管的离职、主管的跳槽、员工的辞职。据企鹅智库的一项调查发现:在职场中,51.9%的市场人员、51.4%的管理者、48%的技术人员、46.8%的高管和41.1%的文职人员都有创业的想法。当一个企业中将近一半的员工(包括高管)都想出走创业,意味着什么?意味着人才极度不稳定、人心极度不聚焦,人才的流失会导致创业企业的空心化,会给企业带来致命的打击。

企业人才匮乏,无论是基层班组长还是中高层管理者,无论属于生产技术部门还是管理职能部门,都会影响到企业的发展,甚至给企业带来致命的打击。第一,人才的流失将会削弱企业的竞争优势。比如,管理人员离职可能导致企业经营理念中断、团队不稳定甚至管理层瘫痪;销售人员离职可能导致企业商业机密外泄或市场份额受损;技术人员离职可能导致企业核心技术流失或研发项目中断甚至夭折。同时,当人才流失到同行或者竞争对手中,对企业的危害是极大的。第二,人才缺失会对员工产生不利影响。人才流失会造成企业员工心态不稳、士气低落、工作效率下降,如果企业不能及时、有效地制止,人力资源管理薄弱,员工平时负面情绪积压严重,就有可能引发员工集体离职。第三,人才流失会给企业带来直接经济损失。离职人员的招聘成本、培训费用以及人才重置成本,都会加重企业的经济负担。第四,人才缺失致使人不能尽展其才。人才流失后,企业很可能无法将专业人才放在专业的岗位上,临时招聘的人无法很好地胜任岗位要求,人岗不匹配,造成人力、物力、财力的浪费,从而影响企业效益。

3. 过快规模化

我们经常听说,办企业要有规模效应,扩大规模是企业常用的发展战略,这无可厚非。但对于新创办的企业而言,过快地规模化,过快地走规模扩张的道路,未必是最明智的、最理智的选择。从某种程度上来说,新办企业要避免规模迅速扩张,要有效控制规模扩张的速度。主要原因有三点:

第一,资金链问题。快速的规模扩张需要大量资金的投入,新创企业资金短缺是普遍现象,大量资金的投入会使企业资金捉襟见肘,日常运行难以为继,最终导致资金链紧张甚至断裂。

第二,企业管理问题。企业迅速扩张必定要补充大量的人员,人员的招聘、培训、管理会给企业带来很大的挑战。如果企业的管理制度跟不上扩张的速度,快速规模化就会带来极大的风险。

第三,市场拓展问题。企业扩张之后产能增加,但市场和需求是否对接?如果市场扩大跟不上企业规模扩展,必将会导致产品大量积压,仓储、管理等成本明显增加,人浮于事,企业运行压力剧增,此时外部市场和资源的信息不对称则会拖累甚至拖垮企业。

因此,对于一个立志创业的人来说,在创业初期要力求避免过度同质化、过分空心化、过快规模化现象。

练习题

一、多选题

在创业过程中,要避免哪"三化"现象?(   )

A. 过度同质化　　　　　　　B. 过分空心化

C. 过快规模化　　　　　　　D. 产品尽量细化

二、判断题

1. 企业过分的空心化就是指企业没有合适的项目、核心的技术和优秀的团队。（   ）

2. 新创企业快速扩张容易导致资金链断裂。（   ）

02 第二章

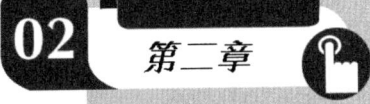

创业的流程与模式

- 熟悉公司注册流程
- 吃透政策文件精神
- 重视项目选择
- 巧妙选择项目
- 注重商业模式
- 了解合伙人制度
- 关注加盟模式
- 加强团队建设
- 关注生命周期
- 善于抓住机会

第一节 熟悉公司注册流程

 **主题研讨**

无证无照经营查处办法

中华人民共和国国务院令第684号《无证无照经营查处办法》。

扫码见《无证无照经营查处办法》

问题思考

1. 什么是无证经营？

2. 什么是无照经营？

3. 出台《无证无照经营查处办法》的重要意义是什么？

4.《无证无照经营查处办法》的适用范围是什么？

5. 查处部门依法查处无证无照经营,应当坚持什么原则？

6. 县级以上人民政府工商行政管理部门对涉嫌无照经营进行查处,可以行使哪些职权？

7.《无证无照经营查处办法》规定哪些经营活动不属于无证无照经营？

8. 王某租赁某酒店会议室5天,协议上约定是新品发布会,实际上,王某通过发放牙膏、牙刷等小礼品,吸引老年人集聚,并播放养生枕(石墨烯保健枕)的广告视频,宣传它具有"助眠安眠、活血化瘀、安神醒脑、促进脑部血液循环"等功效,向老年人销售保健枕等产品。请问王某的行为是否违反了《无证无照经营查处办法》?如果违反,该怎么处理?

创业,顾名思义就是创办企业。创办企业就要成立公司,如何成立公司,如何注册登记,有哪些流程、哪些要求,需要准备哪些材料,这些都是创业者需要了解的基本问题。

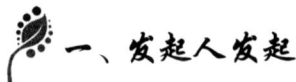 一、发起人发起

有限责任公司只能由发起人发起设立。在我国,法定公司有两种形式:有限责任公司和股份有限公司。这里主要介绍有限责任公司(有限公司)。

中国的有限责任公司是指根据《中华人民共和国公司登记管理条例》规定登记注册,由五十个以下的股东出资设立,每个股东以其所认缴的出资额为限对公司承担有限责任,公司以其全部资产对公司债务承担全部责任的经济组织。有限责任公司包括国有独资公司以及其他有限责任公司。有限责任公司(有限公司)是我国企业实行公司制最重要的一种组织形式。其优点是设立程序比较简单,不必发布公告,也不必公布账目,尤其是公司的资产负债表一般不予公开,公司内部机构设置灵活。其缺点是不能公开发行股票,筹集资金的范围和规模一般都比较小,难以适应大规模生产经营活动的需要。有限责任公司这种形式一般适合于中小企业。因此,要成立有限责任公司,发起人首先要进行可行性分析,确定设立公司的意向。发起人有多人时,应签订发起人协议或会议决议。协议或决议是发起人明确各自在公司设立过程中权利和义务的书面文件。发起人协议或决议在法律上被视为合伙协议。发起人在公司成立前,应对他人承担连带的无限责任。

二、草拟章程

公司章程,是指公司依法制定的,规定公司名称、住所、经营范围、经营管理制度等重大事项的基本文件,也是公司必备的规定公司组织及活动基本规则的书面文件。公司章程是股东共同一致的意思表示,写明了公司组织和活动的基本准则。公司章程具有法定性、真实性、自治性和公开性的基本特征。作为公司组织与行为的基本准则,既是公司成立的基础,也是公司赖以生存发展的灵魂,公司章程对公司的成立及运营具有十分重要的意义。

公司章程是公司设立的最基本条件和最重要的法律文件。各国公司均立法要求设立登记公司必须订立公司章程,公司的设立程序以订立章程开始,没有章程,公司就不能获准成立。章程主要是规范公司成立后各方行为的,它与发起人协议不同。起草章程必须严格按照法律、法规进行。我国法律要求章程须经全体股东同意并签名盖章,报登记主管机关批准后,才能正式生效。

三、注册登记

创办公司,要按照规定到所在地相关部门办理注册登记手续。

(一)基本环节

① 申办营业执照→② 企业印章刻制→③ 银行开户→④ 涉税业务办理

公司注册登记的基本流程如图1-1:

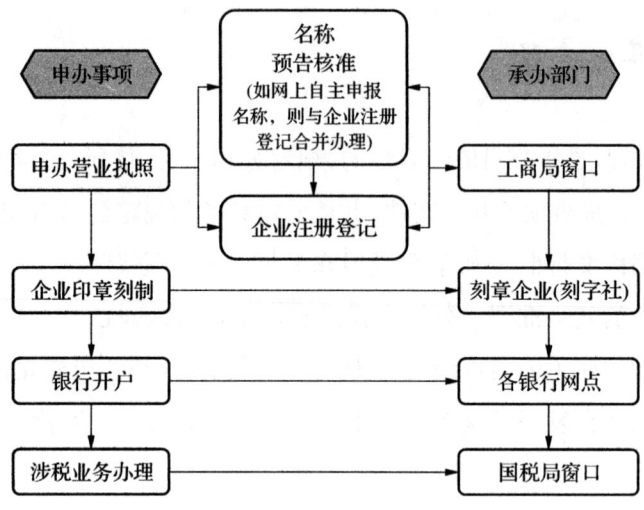

图 1-1 基本业务流程图

(二) 相关材料

1. 申办营业执照的相关材料

(1) 名称预先核准

填写《企业名称预先核准登记表》及其相关申报材料,备用名称五个,可通过工商局进行网络申报,工商局终审后(三至五个工作日),可凭本人有效证件领取《企业名称预先核准通知书》。目前,很多地方都建有工商全程电子化服务系统,便于名称申报核准工作。

(2) 企业注册登记

① 公司法定代表人签署的《公司登记(备案)申请书》;

② 董事会签署的《指定代表或者共同委托代理人授权委托书》及指定代表或委托代理人的身份证复印件;

③ 全体发起人签署或者全体董事签字的公司章程;

④ 股东的主体资格证明或者自然人身份证复印件;

⑤ 董事、监事和经理的任职文件及身份证复印件;

⑥ 法定代表人任职文件及身份证复印件;

⑦ 住所使用证明；

⑧《企业名称预先核准通知书》（网上自主申报名称的企业无须提交）；

⑨ 法律、行政法规和国务院决定规定设立有限责任公司必须报经批准的，提交有关的批准文件或者许可证件复印件；

⑩ 公司申请登记的经营范围中有法律、行政法规和国务院决定规定必须在登记前报经批准的项目，提交有关的批准文件或者许可证件复印件。

2. 企业印章刻制的相关材料

① 工商营业执照正本原件及复印件；

② 经办人身份证原件（如经办人非法定代表人本人，需提供法定代表人身份证复印件及授权委托书）；

③ 到公安局指定的刻章社刻制公章、法人章、财务章。

3. 银行开户的相关材料

① 营业执照；

② 企业公章（包括财务章、法人章）；

③ 企业法定代表人身份证原件及复印件。

4. 涉税业务办理的相关材料

① 新办纳税人完成工商登记并取得加载统一社会信用代码的纸质（电子）营业执照；

② 完成单位公章及发票专用章刻制；

③ 完成银行账户开立，签订税库银缴款协议；

④ 关注并实名绑定"×××税务"微信公众号；

⑤ 办理电子税务局"新办企业开户"，完善企业开户情况；

⑥ 相关人员携带相关资料至主管国税机关办税服务厅办理实名采集等涉税事项。

需携带的资料包括：

① 相关人员（企业法定代表人、财务负责人、办税人员）身份证件；

② 资料领取登记表面单号；

③ 单位公章及发票专用章；

④ 如涉及总机构或分支机构，提供其营业执照副本复印件。

一、单选题

企业到银行开户时需要提供哪些相关材料？（　　）

A. 公司章程

B. 营业执照

C. 企业公章

D. 企业法定代表人身份证原件及复印件

二、多选题

企业登记注册的基本流程有哪些？（　　）

A. 申办营业执照　　　　　　B. 企业印章刻制

C. 银行开户　　　　　　　　D. 涉税业务办理

三、项目训练

假如你打算创办一个"×××有限公司"，请你草拟一份公司章程。

第二节
吃透政策文件精神

 主题研讨

"三证合一"登记制度

国务院办公厅关于加快推进"三证合一"登记制度改革的意见。

扫码见"三证合一"登记制度

问题思考

1. 什么是"三证合一"登记制度?
2. 为什么要实行"三证合一"登记制度改革?
3. "三证合一"登记制度适用于哪些市场主体?
4. 推行"三证合一、一照一码"制度对大众创业、万众创新有什么重要意义?

党的十九大报告指出,鼓励创业带动就业,促进高校毕业生等青年群体、农民工多渠道就业创业。政府工作报告也提出,深入推进大众创业万众创新。为营造良好的创业环境,各级政府出台了一系列的政策和文件,鼓励创业、支持创业、帮助创业,为创业者清障搭台,保驾护航。

一、简化优化办事流程

2015年,国务院办公厅印发《关于简化优化公共服务流程方便基层群众办事创业的通知》,要求服务便民利民、办事依法依规、信息公开透明、数据开放共享,具体落实在:

1. 坚决砍掉各类无谓的证明和繁琐的手续。凡没有法律法规依据的证明和盖章环节,原则上一律取消。

2. 大力推进办事流程简化优化和服务方式创新。最大限度精简办事程序,减少办事环节,缩短办理时限,改进服务质量。推进政务大厅建设、单一窗口受理、首问负责制、一站式办理、自助办理等多种服务方式。

3. 加快推进部门间信息共享和业务协同。依托"互联网+"等信息技术,促进办事部门公共服务相互衔接,要让"群众奔波"变为"信息跑腿",要让"群众来回跑"变为"部门协同办",要为群众提供更加人性化、便利化的优质服务。

4. 扎实推进网上办理和网上咨询。推动实体政务大厅向网上办事大厅延伸,推广实行网上受理、网上办理、网上反馈,实现办理进度和办理结果网上实时查询,为群众提供方便快捷的多样化服务。

为了进一步系统性优化创新创业生态环境,强化政策供给,突破发展瓶颈,充分释放全社会创新创业的潜能,要在更大范围、更高层次、更深程度上创设大众创业万众创新的良好环境。

二、加快推进"多证合一"改革

创业登记的手续比较复杂,对一个新创业者来说,往往是一头雾水,需要花费大量的时间和精力。

注册一个公司,要经过工商部门核发工商营业执照、质监部门核发组织机构代码证、税务部门核发税务登记证、银行办理开户等多个环节。特殊行业还要有行业许可证,如消防安全许可证、食品经营许可证、煤炭企业安全生产许可证、林木采伐许可证等等。所以,就会出现"跑断腿、说破嘴、门难进、脸难看、事难办"的不良现象。

2017年5月,国务院办公厅印发《关于加快推进"多证合一"改革的指导意见》,针对各类证照数量过多、"准入不准营"、简政放权措施协同配套不到位等问题,将涉及企业(包括个体工商户、农民专业合作社)登记、备案等有关事项和各类证照进一步整合到营业执照上,只要一次申请,即可由工商部门核发一个加载法人和其他组织统一社会信用代码的营业执照,实现"多证合一、一照一码"。

三、降低贷款门槛,拓宽融资渠道,支持创业工作

对一个创业者来说,往往最苦恼的事情是缺少资金,筹款无路。银行不愿借、亲戚不敢借、朋友不想借,眼看好的项目、好的商机就要泡汤了,心急如焚。

2017年4月,国务院印发《关于做好当前和今后一段时期就业创业工作的意见》,指出继续实施支持和促进重点群体创业就业的税收政策。对首次创办小微企业或从事个体经营并正常经营1年以上的高校毕业生、就业困难人员,鼓励地方开展一次性创业补贴试点工作。在拓宽融资渠道方面,也提出了一些有针对性的措施,如落实好创业担保贷款政策,鼓励金融机构和担保机构依托信用信息,科学评估创业者还款能力,改进风险防控,降低反担保要求,健全代偿机制,推行信贷尽职免责制度。促进天使投资、创业投资、互联网金融等规范发展,灵活高效满足创业融资需求。

2018年3月底,财政部、人力资源和社会保障部、中国人民银行联合印发《关于进一步做好创业担保贷款财政贴息工作的通知》,从加大政策支持力度、优化申请办理程序、因地制宜推进工作、加强监督管理等方面出台措施,进一步加大对创业者的扶持力度,加强财政贴息资金管理,提高资金使用效益。以加大政策支持力度为例,主要措施为:

创业进阶

扩大贷款对象范围。除原规定的创业担保贷款对象外,将农村自主创业农民纳入支持范围。将小微企业贷款对象范围调整为:当年新招用符合创业担保贷款申请条件的人员数量达到企业现有在职职工人数25%(超过100人的企业达到15%)、并与其签订1年以上劳动合同的小微企业。

降低贷款申请条件,放宽担保和贴息要求。对特定群体原则上取消反担保,切实降低了创业者申请贷款的门槛。"探索将申请受理、材料审核、征信查询等贷款手续和担保手续一次性办结""有条件的地方,应积极探索电子化审批流转模式,优化贷款申请、审核、发放各环节"等种种措施,使办理创业担保贷款的创业者享受到快捷、优质、便利化的服务。

当然,近几年来,随着大众创业万众创新工作的深入开展,国家、省市各级政府已经出台了一系列支持创新创业工作的政策和文件,对高校毕业生的创业指导、创业培训、工商登记、融资服务、税收优惠、场地扶持等方面都提供了不同程度的支持和帮扶。大家在创业过程中,还是要深入学习咨询,深度了解相关政策和制度,充分发挥政策的规范、引导和扶持作用,为企业发展注入新的活力。

一、多选题

1. 高校毕业生自主创业,可享受哪些优惠政策(　　)。

　　A. 免费创业服务　　　　　　B. 小额担保贷和贴息支持款

　　C. 免收有关行政事业性收费　　D. 培训补贴

2. "三证合一"中的"三证"是指(　　)。

　　A. 工商营业执照　　　　　　B. 组织机构代码证

　　C. 税务登记证　　　　　　　D. 社保登记证

二、判断题

1. "多证合一、一照一码"是指企业在登记、备案等有关事项和证照时,只要一次申请,即可由工商部门核发一个加载法人和其他组织统一社会信用代码的营业执照。   (   )

2. "三证合一"是指由工商营业执照、组织机构代码证、税务登记证合成的营业执照。   (   )

3. 实行政务大厅建设、单一窗口受理、首问负责制、一站式办理、自助办理是推进办事流程简化优化和服务方式创新的重要形式。   (   )

4. 在推进"互联网+公共服务"过程中,要坚持"群众奔波"和"信息跑腿"两条腿走路的方式。   (   )

5. 为支持和促进重点群体创业就业,地方政府可以对首次创办小微企业或从事个体经营并正常经营1年以上的高校毕业生、就业困难人员实施一次性创业补贴工作。   (   )

第三节
重视项目选择

塑料袋生产项目

小王经常去菜市场买菜,他发现买菜的人很少自备装菜的袋子,都靠摊主提供,其中塑料袋是最普通、用量最大的一次性消费品,给人们带来了很多便利。除菜市场外,超市、水果摊点等场所的用量都很大。小王调研后发现,每人每天至少消耗一只塑料袋,一个集市每天需要几万到几十万只,市场需求量巨大。小王还发现,生产塑料袋投资小、回报快,以市场上最普通的塑料袋为例:每斤原材料价格为2.0—2.5元,可生产300—500个塑料袋,这样每只袋子的成本为0.4—0.5分;市场批发价为每一百个塑料袋0.8—1元,这样每只袋子能获利0.3—0.6分。按照日产10万个塑料袋计算,每天可获得利润300—600元,而且袋子越大、越高档,利润也越高。于是,小王决定把塑料袋生产作为创业项目。

问题思考

1. 你认为塑料袋生产是不是一个好的创业项目?为什么?
2. 你认为小王的这个创业项目有发展前途吗?为什么?
3. 你认为小王要经营好这个创业项目,需要做好哪些准备工作?

4. 如果小王携带该项目参加某地政府组织的招商引资项目洽谈会,你认为对方会接受这个项目吗?为什么?

5. 假如小王想把塑料袋生产项目做成品牌项目,你认为有没有可能?如果有可能,他该怎么做?

我们经常听到有人问:"我想创业,做什么最赚钱?"这是一句充满傻气的大实话。说它傻气,是因为如果知道做什么最赚钱,我不自己就去做了吗?说它是实话,是因为说出了每个人的心里话,谁都想知道"什么是最赚钱的项目",不是吗?当然,有人可能说做房地产,有人说做医药保健品,有人说做服装,也有人说做互联网平台……

那么,到底做什么项目最赚钱呢?我们先来看两个案例:

案例1　小豆腐做出大文章

曾经,村里有个高中生,姓黄,毕业后没考上大学就想去做生意。小黄通过观察发现,做豆腐本钱少、市场大、可赚钱,于是他就向亲戚借了1 000元钱当本钱,开起了豆腐加工厂。刚开始,小黄做的豆腐形状不好看、味道不纯正,卖不掉,每天都要剩下许多。小黄心里非常着急,但他没有气馁,主动向老师傅请教,并且买书回来学习,边做边改善。小黄热情好客,使用的原材料好、分量足、服务周到,没过多久,买豆腐的人逐渐多了起来,小黄在附近开始小有名气,一年下来就赚了3万多元。后来,小黄增添了设备,扩大了规模,招聘了员工,不但做白豆腐,还做豆腐皮、豆腐干、豆腐脑、冻豆腐、熏豆腐等系列品种。结果,生意越做越红火,附近乡镇和县城的大小饭店、农贸市场都上门预订他的品牌豆腐。小黄还将加工豆腐产品剩下的豆腐渣做成饲料,办起了养猪场,每年收入达30—40万元。十多年过去了,小黄住着高档住房,开着高档轿车,拥有500多万的资产,成为当地的小富翁。

图 3-1　小黄创办的豆腐店

案例 2　从房地产滑向衰败

曾经有一名姓庄的年轻人,家庭条件很好,其父亲是当地建筑行业的包工头,他大学毕业后跟随其父亲做起了房地产开发,创办了庄氏房地产开发责任有限公司,自己当上了公司董事长。当时恰逢房地产发展的大好时机,加上其父亲拥有的一些社会资源和人脉关系,短短几年,公司资产就达到了 3 000 多万。创业成功之后,庄董事长想进一步扩大企业规模,正好当地政府想开发一个乡村别墅建设项目,他喜出望外,跃跃欲试。最后,经过激烈的竞争,公司以较高的价格买下了这块离城区较远的山坡,搞起了乡村别墅开发,庄董事长不仅把自己的全部资金投入进去,还向银行贷款 2 000 万。一年后,别墅建好了,房子也很漂亮,但就是卖不出去。原来,当地人认为买别墅不如自己建造得便宜,城里人想买又嫌位置偏远,两三年过去了,总共只卖掉了十几套。这一项目后期没有资金投入,绿化跟不上,十分荒凉。催款要债的供应商和讨要工钱的工人接连不断,最后,公司被查封,别墅被拍卖,庄董事长的企业走向了衰落。

从这两个案例可以看出,没有不赚钱的行业,只有不赚钱的企业。企业要想赚钱,项目的选择是重中之重。那么对于一个初级创业者来说,如何选择合适的创业项目呢?在此我们提出几点参考:

1. 扬长避短——在自己熟悉的行业里发展

尽管人们常说"三百六十行,行行出状元",但事实上隔行如隔山。每一个行业,都有自己的规律和规则,不熟悉这个行业的人贸然进入,就如同在黑屋子里摸索,找不到方向、抓不住要害、找不到感觉、防不了陷阱,风险很大。

只有在自己熟悉的行业中发端,才有良好的基础和支撑,才容易取得成功。

同样,要在自己感兴趣的项目上找突破。人们常说,兴趣是最好的老师,只要你对某件事情感兴趣,你就会乐此不疲,就会主动学习、主动探索、主动创新,从而达到事半功倍的效果。相反,如果你对某件事情不感兴趣,那么就很容易产生厌恶、反感甚至抵触的心理,更是缺乏追求极致的动力,一般都不容易将事情做好,即便坚持下去,也是事倍功半。

因此,我们在选择创业项目时,最好选择自己熟悉的、感兴趣的行业和项目。熟悉的行业可以让我们发挥专业特长,少走弯路;兴趣可以让我们主动作为,坚持不懈。

2. 量力而行——依据自己的资金实力而定

俗话说,量体裁衣,量力而行。有多少钱做多少事,盲目扩大规模、增加负债都是风险极大的事情。现实生活中的烂尾楼、半拉子工程时有发生,诸多是资金链断裂、贪大求全造成的恶果。

同样,还要考虑项目本身是否科学、是否可行,这是创业成败的关键。如果项目本身不切实际、不科学、不可行,即使你付出很大的努力,最终可能还是会失败。所以,我们在选择创业项目的时候,要检索大量的文献,查阅大量的资料,开展大量的市场调查,然后进行充分的研究和论证,真正把握自己的实力和项目的可行性。

3. 整合资源——发挥自己的社会资源优势

任何项目的实施,都需要诸多社会资源的支撑,你在选定创业项目时就要权衡你的社会资源状况,发掘同学、战友、同事、老乡、亲戚的身边有没有合适的、比较丰富的资源,因为有良好资源支撑的项目是容易取得成功的。

在创业过程中,资源不足导致困难和问题的出现是常见的现象。关键要看这些困难和问题是否在自己能够解决的范围内。如果面对困难和问题,自己无法协调关系、无法组织资源、无法及时解决,这就意味着这样的创业活动容易半途而废,会给自己带来创业损失,这样的项目对你而言就很不合适,就不要选择。

一、多选题

对一个初级创业者来说,如何选择合适的创业项目呢?(　　)

A. 寻找最能赚钱的项目　　　　B. 做自己熟悉的行业

C. 依据自己的资金实力而定　　D. 发挥自己的社会资源优势

二、判断题

1. 对一个初级创业者来说,只要真的想创业,什么项目都可以去做。(　　)

2. 对一个初级创业者来说,尽快扩大企业规模是推动企业发展的必然选择。
(　　)

第四节
巧妙选择项目

人口老龄化与创业项目

根据第七次全国人口普查数据,我国总人口达到14.117 8亿,比2010年增加7 206万。其中,劳动年龄人口(15—59岁)为8.9亿人,占63.35%,与2010年第六次人口普查数据相比,该年龄段的人口减少了4 500万,比重也下降了6.79个百分点。老年人口(60岁及以上)总量为2.64亿人,与2010年相比,10年间增加了8 600万人,占总人口的18.70%,比2010年上升了5.44个百分点,其中65岁及以上人口为1.90亿,占13.50%。乡村60岁、65岁及以上老人的比重分别为23.81%、17.72%,比城镇分别高出7.99、6.61个百分点。80岁及以上人口有3 580万,占总人口的2.54%,比2010年增加了1 485万人,比重提高了0.98个百分点。全国有16个省份的65岁及以上老年人口超过了500万。由此表明,我国人口老龄化程度进一步加深。

问题思考

1. 围绕上述人口普查数据,你能从中发现哪些创业机会?
2. 人口普查表明我国人口老龄化程度不断加深,你认为人口老龄化会给社会发展带来哪些影响?

3. 针对老龄人群的需求,你认为我们可以开发哪些具体的创业项目?

4. 有人提出,想开一家"夕阳红婚姻介绍所",专为单身老年人介绍对象,帮助他们解决情感或生活问题,你对这个创业项目作何评价?

如果你已经做好充分的准备踏上创业之路,已具备百折不挠的创业激情,期盼早日实现不一样的人生价值,那么,选择创业项目就是其中最重要、最关键的环节。

如何选择合适的项目?如何选择创业项目的类别?依据什么原则选择项目更加可靠?

首先,我们来了解一下创业项目及其分类。

创业项目指创业者为了实现创业目标、达到创业目的而选择的具体实践和落实的工作。创业项目形式多样,种类繁多。

① 从观念上看,创业项目可分为传统创业、新型创业。

② 从方法上看,创业项目可分为实体创业、网络创业。

③ 从投资上看,创业项目可分为无本创业、小本创业、微创业等。

④ 从方式上看,创业项目可分为自主创业、加盟创业、体验式培训创业、创业方案指导创业。自主创业需要资金链、人员、场地、产品等多项内容的系统化规划,创业起点较高,风险较大。

图 4-1　多种创业形式

另外,根据项目的功能属性,我们还可以把创业项目分为贸易型、生产型和服务型等。

其次,我们再来看看项目选择的依据。

每个创业者,可以根据自身的情况选择合适的项目进行创业。当然,选择项目的具体依据也有很多,但对初次创业者来说,可以根据你的"性格与气质、专业与专长、实力与潜力、环境与资源"做选择,相对更容易成功。

性格决定选择,气质影响发展。 如果你的性格是急躁型的,那么就不适合做生产型项目,因为生产项目环节多、周期长、市场认同慢,需要很长时间的积累,有时为了可持续发展,还需要不断地增加投入、扩大规模。你可能等不了那么长的周期,一旦撑不下去,你的前期投入就功亏一篑,损失惨重。同样,你也不适合选择娱乐服务型项目,因为现在的客户越来越理性,要求越来越高,如果你没有沉着冷静、忍耐谦让的气质和胸怀,那么客户会越来越少,生意越做越难,最后可能关门大吉。当然,如果你有合伙人,你们的性格互补互容,那么你也可以选择上述类型的项目。总之,千万不要冒险行事。

因专业而擅长,因专长而优秀。 你的专业和特长,是你选择项目的重要考虑因素。熟悉的行业、娴熟的工作状态使你的创业成功率大大提高。当然,如果你具备聪明的头脑、丰富的阅历和非凡的能力,你也可以选择不太熟悉的项目。事在人为,这样的成功案例也有很多。但反过来说,如果你有出众的智商、情商和不凡的阅历,再加上专业的优势,那就更容易在专业内做出骄人的业绩。

让实力说话,让潜力发挥。 实力包括你的形势研判能力、资源掌控能力和复杂问题的解决能力,这是决定你的创业规模和持续发展状况的重要因素。你认为自己在何种类型的项目上具备这种实力和潜力,那么就可以选择这类项目。

契合环境引导,整合资源支撑。 创业选项目,首先要判断这类项目是否符合国内、国际社会发展的趋势和潮流,我们要顺势而为,不能逆流而上。比如当前国内的环保标准和要求高,那我们就不要选择环保难度大的创业项目。另外,任何一个创业项目,还要考虑资源的匹配度、满足程度以及整合的难易程度,极大超越我们资源整合能力范围的项目也不适合初创企业选择。

最后,简单介绍一下项目选择的路径。

对创业者来说,要找到合适的项目确实不容易,我们经常发现,你能想到的项目,别人早已想到了;你没有想到的项目,别人也想到了。那么,怎样才能找到适合自己的创业项目呢?

(1)通过头脑风暴或朋友介绍,大家一起喝茶、聊天和商讨;

(2)通过广告宣传和考察分析,在广告中发现商机,在考察中挖掘项目;

(3)通过创业咨询和调查分析,向一些正规的创业咨询公司咨询,或通过开展社会调研的方式寻找和发现新的需求、新的项目;

(4)通过发明创造和创意孵化,把自己的创意专利化、技术化、产品化、市场化,转化成创业项目;

(5)通过互联网广泛收集和比较,在大量信息中甄别和筛选项目,寻找合适的切入点,寻找新的商机。

一、单选题

俗话说,良好的开始是成功的一半。因此,创业者所选的项目必须是( )。

A. 最赚钱的　　　B. 别人成功的　　　C. 适合自己的　　　D. 朋友推荐的

二、多选题

选择创业项目应遵循的原则包括( )。

A. 做熟不做生　　　　　　　　　B. 做小不做大

C. 以新制胜,抢抓先机　　　　　D. 因时而动,顺势而为

第五节
注重商业模式

 主题研讨

经营模式创新

美国通用电气公司（General Electric Company，简称 GE），是由爱迪生电灯公司（托马斯·爱迪生于 1878 年创立）和汤姆森－休斯顿电气公司于 1892 年合并成立的，业务涉及从飞机发动机、发电设备到金融服务、医疗造影等多个领域，是世界上最大的多元化服务性公司。

曾经通用电气公司的发动机主要靠两条途径赚钱：一是靠一次性销售发动机、零部件获利；二是靠五年后发动机的维修获利。但发动机价格高昂，飞机制造商经常压价，从而导致通用公司的利润空间日趋缩小。另外，发动机维修生意也经常遭遇其他独立发动机维修商的竞争，这些独立维修商不需要承担生产投入的资金压力，能够凭借维修经验蚕食通用电气的维修市场，实现轻资产运营。在这样的竞争压力下，通用电气明白，航空公司真正想要的是能够完美飞行的飞机，而不是能够实现这一目标的零部件。于是，通用电气公司创造了一种新的经营模式——"按小时提供动力（Power by the hour）"，这就是著名的"PBTH 包修服务"。通用电气并不出售发动机，而只是销售发动机的运行时间，保证发动机在这段时间内正常运

行。航空公司再也不用为发动机的引擎付费,而是为引擎的飞行时间付费,这样飞机制造商的一次性支付门槛降低,压价程度自然减轻。最终,通用电气的航空类业务实现了快速增长。

问题思考

1. 通用电气在发动机业务上传统的盈利方式是什么?

2. 通用电气在发动机业务经营上遇到了哪些方面的竞争和压力?

3. 通用电气在发动机业务上创造了"PBTH 包修服务",这个模式的具体做法是什么?创新点是什么?它有什么优势?

人们在销售产品时常说"酒香不怕巷子深",也就是说,只要酒酿得好,就是藏在很深的巷子里,也会有人闻香知味,慕名前来。这也是酿酒作坊生产经营的一种方式,当然采用这种方式的关键是酒香、酒好,才能招揽顾客,吸引广大消费者。

但现在人们又经常说,酒好也怕巷子深,这又是怎么回事呢?早在 1990 年 7 月 13 日,《泰安日报》刊登了一篇新闻报道,题目就是《酒好也怕巷子深——沿黄九省区商品交流会侧记》,说明产品再好,不去做营销推广,很难获得消费者的关注,企业生产、销售也许会受到影响。

那么,对一个企业来说,究竟采用什么样的生产经营管理方式,是适合的、有效的呢?今天,我们就一起来讨论这个问题。

我们知道,创业,离不开创意、产品、技术、服务、价值、团队、资金、渠道等要素,那么请问大家,如何合理组合这些要素才能最大程度体现出产品的价值,满足客户的需求,实现企业的愿望?这就涉及一个非常重要的问题——"商业模式"。

一、何为商业模式呢?

有关商业模式的界定,说法有很多,如:

(1)为实现客户价值最大化,把能使企业运行的内外各要素整合起来,形成一个完整的、高效率的、具有独特核心竞争力的运行系统,并通过最优实现形式满足客户要求、实现客户价值,同时使系统达到持续盈利目标的整体解决方案。

(2) 商业模式就是企业为了自身价值最大化而构建的企业与其他利益相关者的交易结构。

(3) 商业模式是企业围绕客户价值最大化而构造价值链的方式。

下面我们来介绍商业模式的几种模型。

二元模型。最简单、最朴素的商业模式。就是要创建一种交易结构,先让顾客获得价值,而后让企业获得价值,比如薄利多销的批发模式。

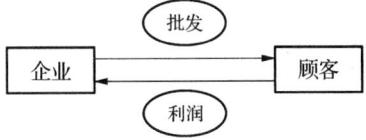

图 5-1　商业模式二元模型

三元模型。三元模型就是要在下面三个问题中建立一种稳定交易结构:一是你为什么人提供什么价值;二是为什么是你;三是你从哪里赚钱。比如,你开一个瑜伽馆,你就要知道你到底为谁提供什么价值:你能创造一个适宜的环境给客户提供专业的瑜伽练习服务,这就是你所提供的价值。如果你的瑜伽馆生意不错,你也要清楚为什么:是因为你找到了一个想练瑜伽的客户特别多的地方,还是因为你的瑜伽教练专业水平很高,或者是因为你有独特高效的经营方法。你能把瑜伽馆开得不错一定是有原因的。同样,瑜伽馆生意不错,你是赚钱还是赔钱,如果赚钱了,钱是从哪里赚来的? 是不是因为你有独特的能力或经营方式,来练习瑜伽的人源源不断,付费交钱的人当然也随之增加,收费与成本的差额就是你赚取利润的机会? 所以,在这三个问题之间,一种商业模式可能就建立起来了,比如高水平瑜伽教练支撑模式。

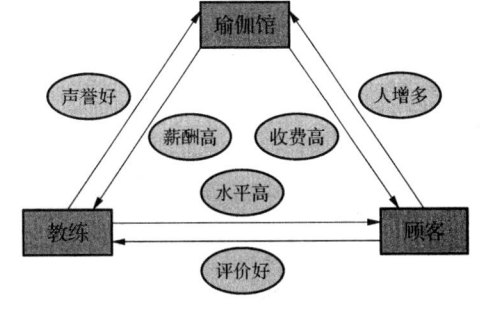

图 5-2　商业模式三元模型

四元模型。四元模型就是要在下面四个问题中建立一种稳定交易结构:一是你的客户是谁;二是你为客户提供什么价值;三是你是怎么盈利的;四是你的核心竞争力是什么。对应的四个要素分别是:顾客、价值提供、盈利方式、战略/资源。其中,第二个问题并不是三元模型中第一个问题的简单分支,而是一个总价值创造问题,也就是说,你不仅要关注你的客户,还应关注你的供应商、渠道商、门店等,你要让所有利益相关者都能获得价值。比如在农村,农民用菜籽到油坊换油,过去100斤菜籽只能换回24斤菜油。如果你是油坊老板,通过改进压榨工艺,在油品不变的前提下能榨出36斤,那多出来的12斤油就是你多创造的价值。如果你从这12斤油当中,拿出4斤油分给农户,那么农户用100斤菜籽可以换到28斤油,他们一定会非常高兴,这样一来,到你的油坊换油的农户必定会增多。如果你再把另外4斤油分给合作伙伴,那么合作伙伴也一定非常开心,这样就会有更多的人愿意帮你采购、帮你推销。最后剩下的4斤油留给自己,这样你也获得了更多的利润。这一行为会为你带来更多的消费者、合作伙伴,你的经营业务也会大幅扩大,赚的钱也就越多。因此,在这四个问题之间,也可以建立一种商业模式,比如技术性增值与全局性分享模式。

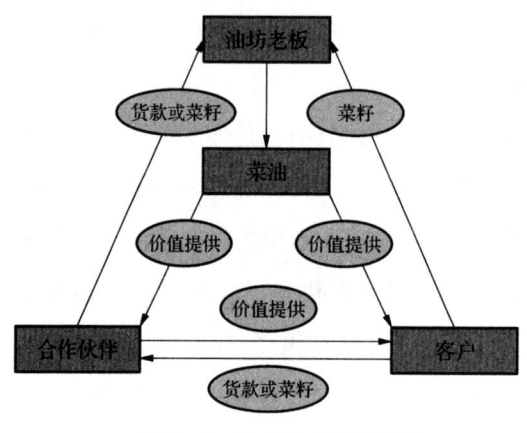

图 5-3 商业模式四元模型

六元模型。魏炜、朱武祥教授在《发现商业模式》一书中提出了"魏朱商业模式六要素模型",他们将定位、业务系统、关键资源能力、盈利模式、现金流结构和企业价值六个方面构成有机的商业模式体系,如下图所示。

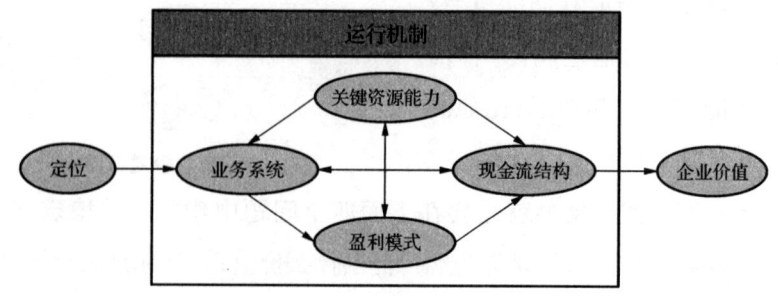

图 5-4 商业模式六元模型

其中，定位是指企业应该提供什么样的产品和服务来实现客户的价值，这是商业模式体系的起点。业务系统是指企业实现定位目标所需要的业务环节、合作伙伴扮演的角色以及利益相关者合作与交易的方式和内容，这是商业模式的核心。关键资源能力是指让业务系统运转起来所需要的重要资源和能力。盈利模式是指企业的收支来源和收支方式，收支来源就是"谁给谁钱"，收支方式包括固定性质的租金、剩余性质的价差、分成性质的佣金，以及拍卖、顾客定价、组合计价等方式。自由现金流结构是指交易结构在时间点上的流入与流出结构、比例和在时间序列上的分布。企业价值是指企业的投资价值，也是企业预期未来可以产生的自由现金流的贴现值。可见，定位是商业模式的起点，企业价值是商业模式的归宿。

九元模型。亚历山大·奥斯特瓦德、伊夫·皮尼厄在他们合著的《商业模式新生代》一书中提出了九要素模型，就是要回答九个问题：你的客户是谁，如何细分？你和客户的关系是怎样的？你通过什么渠道找到这些客户？你为这些客户提供什么价值？你通过什么关键业务给客户提供价值？你的核心资源是什么，专利、人才、土地？你的合作伙伴有哪些？你的收入来源是什么？你的成本结构是什么？这个模型与三元模型相比较，前四个问题对应了三元模型里的客户价值，中间三个问题对应了三元模型里的资源能力，最后两个问题对应了三元模型里的盈利方式。

商业模式随着经济社会的发展不断创新，但哈佛商学院的克莱顿·克里斯滕森教授认为，商业模式就是如何创造和传递客户价值和公司价值的系统。它涉及客户价值主张、赢利模式、关键资源和关键流程。因此，一般在选择商业模式的时候要关注下列几个关键问题：

（1）你能给客户带来什么价值？

（2）给客户带来价值之后你怎么赚钱？

（3）你有什么资源和能力能同时实现客户价值和公司盈利？

（4）你如何同时实现客户价值和公司盈利？

尽管商业模式的界定各不相同，但其核心是一套企业可持续运作的基

本逻辑,是企业与企业之间、企业与顾客之间、企业与渠道之间存在的交易和联结方式。

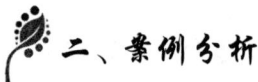

案例 1　腾讯控股有限公司

2020 年度,腾讯控股有限公司总收入为人民币 4 820.64 亿元,较 2019 年度增长 28%。在 2020 年《财富》世界 500 强排行榜中位居第 197 位,在 2021《财富》中国 500 强排行榜中排第 20 位。也许你会问,腾讯靠怎样的商业模式赚到这么多的钱?

其实,腾讯抓住了互联网能改变人们生活方式的大好机遇。自 1998 年成立以来,腾讯通过建立规模最大的网络社区,为用户提供一站式在线生活服务,嵌入影响人们生活方式的主营业务,实现企业跨越式发展。也就是说,腾讯的商业模式是:搭建一个巨大的便捷的社交网络平台,影响和改变数以亿计网民的沟通方式和生活习惯;免费开放一些功能,提供基础性服务,保证用户数量,增加用户黏度;适时嵌入各类增值服务,如网络广告、网络游戏、微信支付、云服务等项目,提供价值输出和盈利的实现方式。

3-4-8 商业模式分析法,即 3 个联系界面:顾客价值、伙伴价值和企业价值;4 个构成单元:价值主张、价值网络、价值维护和价值实现;8 个组成要素:目标顾客、价值内容、网络形态、业务定位、伙伴关系、隔绝机制、收入模式和成本管理,如下图所示。下面,我们用 3-4-8 分析法分析腾讯的商业模式。

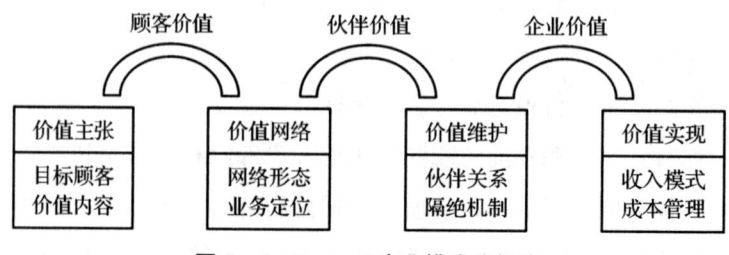

图 5-6　3-4-8 商业模式分析法

一、价值主张

目标顾客。腾讯将目标客户定位于年轻且追求时尚的用户,他们有自我娱乐和向别人展示自我的需求。

价值内容。腾讯提供社交平台,用户能够展现自我个性;腾讯提供大量娱乐内容,用户能在娱乐中打发时间;腾讯提供大量新闻内容,用户能够获取知识和信息;腾讯提供在线商城服务,能够满足用户的生活需求。

二、价值网络

网络形态。腾讯的价值体系是多维的、立体的,底层由基础服务和金融体系支撑,加强用户和产品之间的交互,用户可以把金融系统或第三方账户里存储的钱用于消费,给腾讯带来不小的收益。在使用过程中,腾讯不断丰富基础服务的数据库,方便进行商品和业务精准营销。

业务定位。互联网的产业链是极其庞大而冗长的,但腾讯在整个产业链上紧紧抓住业务运营这个关键,做互联网的内容运营商,精确定位加上庞大的用户量确保了腾讯业务的稳定增长。

三、价值维护

伙伴关系。特定的业务都有生命周期,特别是当自己的研发速度跟不上用户需求时,更是需要合作伙伴。如互娱部门的内容供应与游戏联合运营,为自己节约宝贵研发时间,能够快速占领市场。

隔绝机制。腾讯成功了,为什么短期内它的霸主地位很难被撼动呢?这得益于腾讯稳定的关系链、海量的用户运营经验,以及强大的快速复制能力、业务开发与创新能力。

四、价值实现

收入模式。腾讯的收入模式较为多花样,如通过互动娱乐、游戏、网银、个人账户、微信支付等等。

成本管理。腾讯的管理方式值得一提:实行精细化管理,优化供应链网络,降低供应链成本;使用新技术,提高运营效率;培养团队管理人员,提高工作效率,进而提高公司的盈利能力。

创业进阶

案例2　阿里巴巴集团控股有限公司

2021财年,阿里巴巴生态体系的商品交易额(GMV)为人民币8.119万亿元,阿里巴巴自1999年创立以来,发展迅速,在2021年《财富》世界500强企业排行榜中排名第63位,在2021《财富》中国500强排行榜中,阿里巴巴排名第14位。那么,阿里巴巴集团的商业模式是什么呢?

其实,阿里巴巴抓住了互联网+营销的机遇,搭建了网络营销平台,为客户创造便捷的网上交易渠道;在自建的网站上替企业架设站点,向国内外供应商提供商品展示空间;通过互联网向客户提供国内外分销渠道和市场机会,帮助中小企业降低对传统市场中主要客户的依赖;通过在线贸易资信的辅助服务,管理交易订单,提供支付宝电子支付等增值服务,从而获取收益和利润。

案例3　华为技术有限公司

华为2020年实现收入8 914亿元人民币,同比增长3.8%。在2021年《财富》世界500强中排名第44位。那么,华为的商业模式是什么呢?

华为定位于通信设备领域的系统集成服务,以客户需求为驱动,为客户提供有竞争力的端到端通信解决方案。华为围绕通讯设备领域的整个产品生命周期,形成完整的产品线,以暂时的亏损为代价,将投入市场的新产品按两三年后量产的模型定价,利用企业规模效益、低耗与高效的供应链管理、非核心环节外包、流程优化等方式挖掘成本优势,挤垮或有效扼制国内竞争对手,利用研发低成本优势快速抢夺国际市场份额,打压在成本上处于劣势的西方竞争对手,从而形成"华为优势",也就是华为模式。

管理大师彼得·德鲁克说:"当今企业之间的竞争,不是产品之间的竞争,而是商业模式之间的竞争。"可见商业模式对企业成败的决定性作用。

练习题

一、单选题

1. 盈利模式又称(　　)。
　　A. 获利模式　　B. 收益模式　　C. 成功模式　　D. 商业模式

2. 作为投资人和企业经营者,首先应该学习的是(　　)。
　　A. 商业模式　　B. 管理模式　　C. 提高效率　　D. 效率的保障

3. 商业模式实现的方法是(　　)。
　　A. 市场营销　　B. 利润翻倍　　C. 资金回笼　　D. 资本运作

二、综合分析题

　　对腾讯、阿里巴巴、华为三家公司的商业模式进行比较,并指出它们的异同和各自的优劣。

第六节
了解合伙人制度

 主题研讨

个人合伙

王某2010年承包了村里的砖瓦厂。张某同年给王某汇款25万元,但没有直接参与该厂的经营管理与生产劳动。王某2015年向张某出具了投资证明并写道:张某投资砖瓦厂25万元,若砖瓦厂复垦拆迁,全额款项按拆迁比例分成。2015年11月,王某陆续通过某居委会领取了300余万元补偿款,但他未与张某结账还款。张某遂主张返还投资款25万元及收益50万元。

问题思考

1. 张某向王某提出返还投资款25万元及收益50万元,是否合法?

2. 什么是合伙人,它有哪些基本特征?

3. 张某向王某汇款25万元后,没有直接参与经营管理与生产劳动,那么张某与王某是否构成合伙关系?

4. 如果张某与王某不能认定为合伙人,那么,他们之间的关系应该如何认定和处理?

创业过程中,我们经常听说,中小企业难逃"各领风骚两三年"的宿命。

也就是说,在如今这个竞争激烈的时代,中小企业要生存和发展,单打独斗已难以为继,管理模式的创新刻不容缓。人们已经发现,赚小钱靠个人,赚大钱要靠团队,股权分配、股权激励、众筹融资、股权并购等模式是企业的又一次深刻变革,这就是合伙制年代的核心。

1. 什么是合伙制

在法律意义上,合伙企业是指自然人、法人和其他组织依照《中华人民共和国合伙企业法》在中国境内设立的普通合伙企业和有限合伙企业。合伙企业是相对于公司制企业而言的一种企业组织形式,法律意义上的合伙人包括普通合伙人和有限合伙人。普通合伙企业由普通合伙人组成,普通合伙人是企业的管理者,对企业债务承担无限连带责任。有限合伙企业由普通合伙人和有限合伙人组成,普通合伙人对合伙企业债务承担无限连带责任,有限合伙人以其认缴的出资额为限对企业债务承担有限责任,企业的管理由普通合伙人负责,有限合伙人不参与企业经营活动。合伙企业一般由两个或两个以上合伙人拥有公司并分享公司利润,合伙人即为公司主人或股东。

主要特点:合伙人共享企业经营所得,并对经营亏损共同承担责任;可由所有合伙人共同参与经营,也可由部分合伙人经营,其他合伙人仅出资并自负盈亏;合伙人的组成规模可大可小。

主要优势:合伙制的本质在于建立一套企业分配机制,转变职业经理人的身份,实现利益共享、风险共担的创业机制,为人才提供创业平台,帮人才实现人生价值。实施合伙人制,一方面体现对人才贡献和价值的认可,并建立给予人才合理回报的机制;另一方面更加激发人才的创造力,并将企业经营行为下放给合伙人团队,从而实现吸引和保留优秀人才的目的。

相对于法律意义上的合伙企业,在管理意义上,合伙制是一种企业组织机制和管理机制,指组织具有相同经营理念的人,建立起事业共同体,把人才与资本结合起来,共同推动企业创新与发展。事业共同体里的人就是合伙人,他们共同拥有企业经营的权利,并实现经营者从"给老板打工"向"给自己打工"的心态转变。管理意义上的合伙制,在组织形式上既可以采用法律上的合伙企业形式,也可以采用公司制企业形式,它们之间的关系如下图所示。

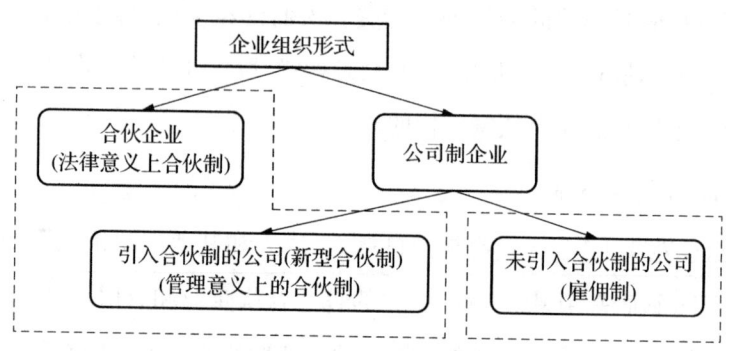

图6-1 管理意义上的合伙制与法律意义上的合伙制的关系

2. 合伙制的主要形态有哪些

合伙制主要有三种形态:股份合伙、事业合伙、业务合伙。在创业实践中,很多企业会运用多种合伙制形式,成为混合型合伙制模式。

股份合伙,即合伙人投资并拥有公司股份,成为公司股东,参与公司运营,承担经营与投资风险,享受股份分红。股份合伙,对于创业公司来说就是共同出资、共同经营的创始合伙人;对于传统企业或非创业期的公司来说,更多表现为公司与业务骨干共同出资成立合资新主体公司的形式。

事业合伙,就是常见的虚拟股份或项目跟投,员工出资认购公司虚拟股份,共同经营、共享利润、共担风险,但不涉及法人主体或工商注册信息变更。事业合伙可分为两类:一类是公司拿出一项业务、产品、项目、区域(单店)等可独立核算的经营体与参与该经营体运营的员工共同投资、共享利润、共担投资风险,如一些连锁企业的单店员工入股;另一类是公司不区分不同业务/项目/区域,其虚拟股份对应整体经营盈利情况,全体合伙人出资认购公司整体的虚拟股份,并根据公司整体盈利状况进行分红、承担风险,如华为内部员工持股计划。

业务合伙,常见的形式有两种:一类是经营团队独立自主进行业务开拓与执行,享受团队经营所得的利润,常见于智力服务机构,如管理咨询、会计事务所、律师事务所等轻资产运作的机构,人力资本是企业经营的主要因素,有人就可以拓展新业务;另一类是在公司确定的业绩、利润基础之上,由经营团队通过努力实现的增值部分进行利润共享,不足部分影响员工收益,适用于非轻资产运作,但员工对业绩/利润起到较大作用、员工经济实力不足以进行资金跟投的企业,更多应用于基层员工的合伙人制改造,如永辉超市的一线员工合伙人制。业务合伙不涉及法人主体及股份身份,业务合伙人通过自己的开拓与努力实现业绩与利润,并享受分成。

3. 怎样找到合伙人

很多人都说,找合伙人太难了。事实上找到合适的合伙人的确不容易,需要花费很多的时间和精力,需要用心、用情、用力、用合适的方法物色。

首先,要坚持五个原则。一是共同愿景。大家有共同的创业梦想,愿意为创业而共同奋斗,能够相互支持为企业发展献计献策;二是合作共赢。合伙创业就是要讲合作、讲团结、讲大局,不能以自我为中心、以自己利益为重,要立足于企业发展壮大,给企业带来整体利益,大家共生共荣;三是多元互补。合伙人团队在专业上要适度多元,需要由擅长营销、擅长开发、擅长管理、擅长运营等具有不同特长的人组成,在性格上要互补互容;四是年龄差异化。不同年龄段的人有不同的思维、不同的阅历、不同的资源和不同的胆识,老中青搭配原则有利于发挥不同年龄段合伙人的优势和特点;五是合适的股权比例。合伙创业既涉及利益也涉及风险,既涉及民主管理也涉及集中决策,股权合理配置是发挥团队的长处、规避个体风险的重要手段。即使是两个人搭档合伙,股权也尽量不要设置成50∶50,否则遇到较大意见分歧时难以决策;如果设置成51∶49,那么遇到难以协调的矛盾时,就由股权最大的人拍板决定。

其次,要采用有效的方法。通常可以采用列表管理,就是用excel表列出相关领域人员名单,排除明显不合适的对象,确定第一轮筛选名单;再逐一电话联系,约定时间登门拜访,当面沟通交流,进行第二轮选择;最后进行深度磋商和意向达成。当然,有时为选择一个合适的、有潜力的合伙人,往往要经过很多次沟通交流和积极争取,要用最真实的情感和可期待的事业前景感染和打动对方。在合伙人的选择过程中,不同的企业有不同的要求,如阿里巴巴对合伙人提出的要求是:"在阿里巴巴工作5年以上,具备优秀的领导能力;高度认同公司文化,对公司发展有积极性贡献,愿意为公司文化和使命传承竭尽全力。"

4. 合伙制的常见模式

在现实生活中,合伙制的具体模式也多种多样,不同类型的企业往往采用不同特点的合伙模式,常见的模式有增量分红模式、项目跟投合伙模式、实股注册模式、虚拟股模式、内部交易模式、风险投资模式等。下面以某超市为例介绍增量分红模式。

传统的雇佣制公司员工的薪酬激励模式是:工资+提成+奖金+福利,而增量分红模式在传统薪酬体系中增加了利润分红:公司先约定业绩和利润目标,当目标利润达成后,把超额或增量的利润分配给团队核心人员,存量和增量都可以按照一定比例分配,如存量按公司90%、员工10%分配;增量按公司50%、员工50%分配。某超市就面向一线的店长、员工实行合伙制,其中合伙人核心指标为:

① 门店销售达成率≥100%,利润总额达成率≥100%;

② 门店奖金包=(门店利润总额实际值-目标值)×30%;

③ 奖金包设计:人员奖金=职级份数×分配系数×出勤系数;

④ 约束指标:门店奖金上限30万元人民币,各职级的奖金不一样。

表6-1 各职级资金分配表

职级	各职级奖金包分配
店长、店长助理	门店奖金包×7%
经理	门店奖金包×9%
课长	门店奖金包×12%
员工	门店奖金包×72%

超市实施合伙制的效果明显,一年内日均人效增长 19%,员工人均工资增加 14%,离职率降低 2.5%。

一、多选题

1. 合伙制的主要形态有哪些?(　　)

    A. 业务合伙　　　　　　　B. 事业合伙

    C. 股份合伙　　　　　　　D. 混合型合伙

2. 合伙制的基本特征有哪些?(　　)

    A. 共同出资　　B. 共同经营　　C. 共同劳动　　D. 共担风险

    E. 共负盈亏

3. 合伙制的常见模式有哪些?(　　)

    A. 增量分红模式　　　　　　B. 项目跟投合伙模式

    C. 实股注册模式　　　　　　D. 内部交易模式

    E. 风险投资模式　　　　　　F. 虚拟股模式

二、问答题

1. 什么是合伙企业,它具有哪些特点?

2. 法律意义上的合伙制与管理意义上的合伙制有何联系和区别?

第七节 关注加盟模式

加盟经营

　　王先生在 2019 年 12 月底与 A 公司签订了为期五年的特许经营合作协议,加盟 A 公司的母婴护理服务店,并支付了加盟费 30 万元。在 A 公司的指导下,完成开店业务培训、店面装修、设备购置等开店准备事项后,王先生的母婴护理服务店在 2020 年春节前隆重开业。但始料未及的是,新冠肺炎疫情暴发,王先生的母婴护理服务店生意惨淡,几乎无人光顾,直至 2020 年 6 月,店铺经营情况仍不见好转。王先生心急如焚,眼看投资要打水漂,于是找到 A 公司协商,以遭遇疫情影响,无法实现合同基本目标为由,主张解除合同,要求 A 公司退还其加盟费。

问题思考

　　1. 你认为王先生在 2019 年 12 月底与 A 公司签订的为期五年的特许经营合作协议是否有效?

　　2. 你认为王先生加盟 A 公司的母婴护理服务店,并签订了合作协议,A 公司有没有发挥应有的作用?

　　3. 王先生经营半年后,以疫情影响为由,主张解除合同,要求 A 公司退还加盟费,你认为王先生的诉求是否合理?

在商业领域,我们经常听到"找个加盟商""开个加盟店"。的确,加盟已成为一种较普遍的经营模式,一种创业者可以选择的创业方式。

所谓加盟,就是由加盟商向持有品牌的企业盟主提出申请,盟主审核通过后同意将企业品牌的无形资产,如专利、商标、版权等知识产权、组织管理制度、市场资源等以合同的形式授予加盟商使用,加盟商按合同要求和统一模式开展业务活动的连锁经营方式。

1. 加盟经营的特点

(1) 有一个加盟连锁的盟主;

(2) 盟主拥有产品、服务、技术、商标、专利以及其他可带来经营利益的特别力量的特许权;

(3) 盟主和加盟商之间以合同为主要联结纽带;

(4) 加盟商对其店铺拥有所有权和经营权;

(5) 加盟商必须按照企业总部的规定开展经营活动,自己没有经营自主权;

(6) 企业总部有义务对加盟商进行信息、知识、技术、管理等方面的培训,同时授予加盟店店名、商号、商标、服务标记等一定区域的垄断使用权,并在合同期内,对加盟店不断进行经营指导;

(7) 加盟商要向盟主交付一次性加盟费、销售额或毛利提成等有偿服务费;

(8) 盟主与加盟商之间是纵向契约关系,各加盟商之间无横向关系。

2. 加盟经营的优势

(1) 总部企业拥有品牌、商标、经营管理等方面的优势,可以通过加盟连锁的经营方式扩大规模,提高知名度,提升影响力;

(2) 加盟商可以直接利用总部企业的优势资源,对于缺乏创业经验的人来说,减轻了独自创业的压力,是提高创业成功率的一条途径。

3. 加盟经营的主要形式

加盟经营的形式有很多,依据出资比例与经营方式大致可以分为自愿加盟、委托加盟与特许加盟。

自愿加盟,是指单个加盟商自愿向总部企业交纳一笔固定的加盟指导费,采用总部企业的同一品牌开展经营活动,负担所有经营费用。总部企业只对加盟企业进行业务指导,不参与加盟企业的利益分成,对加盟企业施行宽松的监管制度。

委托加盟,加盟商在申请加入总部企业时只需支付一定的费用,经营店面的设备器材与经营技术皆由总部企业提供,店铺所有权属于总部;加盟商受总部委托,听从总部指挥,拥有经营管理权,并与总部分享利润。

这种方式的优点是加盟商的风险小,加盟商无须负担创业的大笔费用,总部要指导经营并分担经营风险。缺点是加盟商的自主性小,多数利润要上交总部。

特许加盟,是介于自愿加盟和委托加盟之间的一种加盟模式,通常加盟商与总部要共同分担店铺设立的费用,其中店铺的租金、装潢费用多由加盟商负责,生产设备由总部负责。加盟商要与总部分享利润,总部对加盟商也拥有一定的控制权,但由于加盟商也出了相当一部分的费用,所以分享利润的比例较大,对店铺的设立和经营也有一定的建议和决定权。

加盟经营的模式在现实生活中比较普遍,典型的例子就是肯德基以"特许加盟"的方式在全世界范围内拓展业务。自1987年进入中国,30年的时间,肯德基在中国1 000多个城市和乡镇开设了5 300多家连锁餐厅,"特许加盟"就是肯德基的代表性策略。

4. 连锁加盟经营的风险防范

商业特许经营是指拥有注册商标、专利、专有技术等经营资源的企业(特许人),通过合同形式将其经营资源许可给其他经营者(被特许人)使用,被特许人按照合同约定在统一模式下开展经营,并向特许人支付相应费用的经营模式。特许经营的核心是无形资产的输出,一个特许人往往有多个被特许人。由于特许人和被特许人之间信息不对称,往往存在着较大风险,比如,特许人不具备相应资质;特许经营活动不规范;被特许人的合法权益得不到有效保障等等。2007年5月1日施行的《商业特许经营管理条例》（国务院令第485号），包括总则、特许经营活动、信息披露、法律责任、附则等五章三十四条，并对特许人的资格和条件做了如下规定：

① 拥有注册商标、企业标志、专利、专有技术等经营资源；

② 拥有成熟的经营模式；

③ 具备为被特许人持续提供经营指导、技术支持和业务培训等服务的能力；

④ 拥有至少2个直营店，并且经营时间超过1年。

因此，我们在选择特许经营时，要高度关注特许人的资格和条件，以免存在潜在风险或产生不必要的麻烦。

一、单选题

依据出资比例与经营方式，加盟特许经营的经营形式可以分为（　　）。

A. 自愿加盟　　　　　　　　B. 委托加盟

C. 特许加盟　　　　　　　　D. 免费加盟

二、案例分析

碧螺春是中国传统的十大名茶之一，有着一千多年的历史。假如你要加盟经营碧螺春茶叶，那么应该做好哪些必要的准备工作？

第八节 加强团队建设

西游记团队

《西游记》作为中国四大名著之一,虽然情节是虚拟的,但唐僧带领的团队四人历经艰难险阻求取真经的故事,蕴含了不少管理之道值得我们品味与学习。

问题思考

1. 你认为西游记团队的目标是什么?

2. 你认为西游记团队的最大特点是什么?

3. 你认为西游记团队是不是一个优秀的团队,为什么?

4. 有人说,一个优秀的团队基本上由四类人组成:德者、能者、智者、劳者。那么在西游记团队中,这四类人分别对应谁?他们在实现目标的过程中各自发挥了什么作用?

5. 西游记团队对于我们创业团队的建设有什么启发?

俗话说:"一个篱笆三个桩,一个好汉三个帮。"同样,创办公司,必须要有一帮人,也就是要有一个好的团队。加强团队建设,是创成业、创好业的重中之重。正如真格基金创始人、著名天使投资人徐小平所说,创业的基础就是两个——一个是团队，一个是股权结构。可见，团队组建、团队培育、团队打造在创办企业中的重要性。

1. 何为创业团队

团队是指为了实现某个共同的目标而由相互协作的个体组成的群体，一般由员工和管理层组成，它能合理地、有效地令每一个成员运用知识、技能和特长协同工作、解决问题，从而实现共同的目标。

创业团队是为了共同创业而形成的一个集体。这种集体不同于一般意义上的社会团体，它存在于企业之中，因创业的关系联结却又超乎个人、领导和组织之外。一个好的、优秀的创业团队是推动创业成功和促进企业发展的强大动力。

2. 何为优秀的创业团队

一个优秀的创业团队应该拥有的基本成员为：一位优秀的团队带头人；彼此熟悉、相互配合的团队成员。

具体而言，作为一个好的创业团队，需要具备八个方面的条件：

① 要有相近的观念、相同的目标和理想；
② 要有脚踏实地、持之以恒的心态和素养；
③ 要有以身作则、胸怀大局的团队带头人；
④ 要有风雨同舟、荣辱与共的胸襟与气魄；
⑤ 要有团队至上、服务发展的规则和制度；
⑥ 要有不断进取、与时俱进的氛围和举措；
⑦ 要有勇于开拓、敢于创新的环境和机制；
⑧ 要有彼此信任、经得起考验的执着和追求。

3. 如何组建一个好的创业团队

团队是一群和你共同奋斗、实现共同目标的人。单丝不成线，独木不成林，一个好的团队可以带来一片森林。因此，团队人员的构成以及选取标准是不能忽视的问题。

Facebook掌门人马克·扎克伯格说："对于一位想要闯出属于自己一

片天地的创业者来说,组建一支优秀的团队是非常重要的事情,这也是我个人一直以来致力于做的事情。"

马云说:"天下没有人能挖走我的团队!""失去阿里、失去淘宝没关系,只要我的团队还在,我就有信心再造奇迹!"马云巧设目标让团队目标成为每个人的梦想,营造好的氛围让下属乐于待在团队中,运用多种有效手段和方法,使员工充满归属感,锤炼了一支有凝聚力、有战斗力的团队。

稻盛和夫2010年1月出任申请破产的日本航空公司董事长,仅用不到两年的时间将日航扭亏为盈,主要就是靠两招:

一是尊重员工,让员工由被动工作变主动工作;

二是采用阿米巴管理模式,将会计核算体系植入人力资源团队管理中,量化组织中每个团队、每个人的价值,实现全员参与的经营。

可见,组建一个优秀的创业团队,需要理想和信念,需要制度和文化,需要管理和变革,需要专业和技能,需要开拓和创新,更需要激励和关怀。那么,如何才能够组建一支实力强劲、彼此扶持的创业团队?下面介绍几种战略方法:

以身作则,率先示范。作为一个创业者、一家初创企业的首席执行官,不能想当然地让别人相信你、服从你、追随你,心甘情愿地帮你实现创业理想。尤其是当你的性格、能力和表现,还无法达到他们的心理预期时,就更不能奢求团队成员的无条件信任。换句话说,你不能高高在上,而要以身作则,与属下共同战斗,平时要注意自己的说话方式、思维方式以及行为方式,你的表现会影响同伴的热情程度、专注程度和信心水平。

更加注重内在激励。内在激励能够让员工发自内心地产生奋斗热情和工作动力,而不是在上级领导的命令下机械地、被动地工作。除了津贴和奖金,如果员工是发自肺腑地对自己所从事的工作感兴趣,那么就能够在最大程度上发挥工作潜能。影响一个员工工作动力的因素主要有:适度挑战,一般情况下人们都会对具有一定挑战性的事物比较感兴趣;好奇心,在学习和探索过程中,好奇心能使人产生强烈的欲望;合作与竞争,友好合作和良性竞争能够促使员工更加努力工作;认可与赞赏,与单纯给予员工物质奖励相比,以团队为整体给予奖励,给员工提供诸多积极正面的反馈,更能激发他们的工作热情和斗志。

引入目标与关键成果体系(OKR)。OKR体系最初是由芯片巨头英特尔公司提出的一种为公司、团队甚至是个体创建工作结构体系的高效方法。首先,设定一个目标,比如将网站加载速度提高20%;其次,设定几个关键成果;最后,完成相关任务,并且对产出结果进行计算分析。

除此之外,公司团队还要组建合适的组织架构。一种是较为精简的组织架构,如图8-1所示;还有一种是较为复杂的组织架构,如图8-2所示。

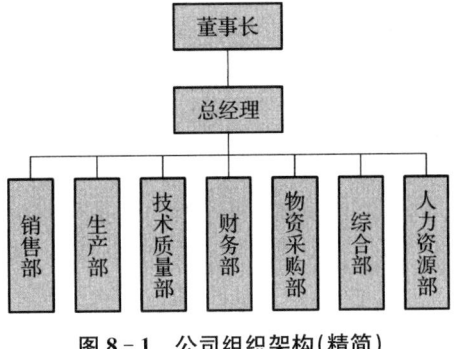

图8-1　公司组织架构(精简)

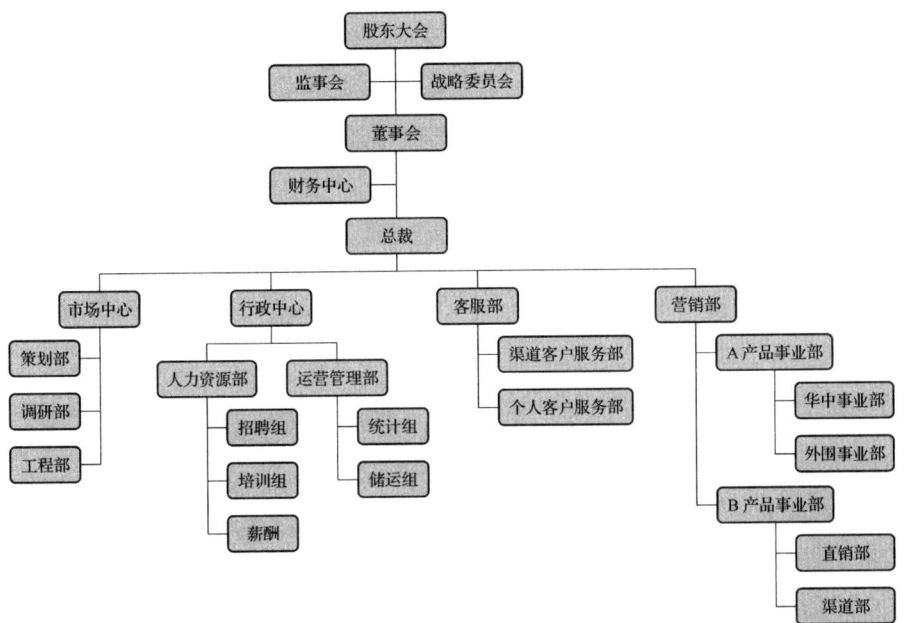

图8-2　公司组织架构(复杂)

一、多选题

1. 组建创业团队需要的合作者包括(　　)。

　　A. 有商业创意的人员　　　　B. 能策划好业务的人员

　　C. 能推广业务的人员　　　　D. 有组织协调能力的人员

2. 寻找创业合作者要注意的问题包括(　　)。

　　A. 职能清晰,各司其职　　　B. 优势互补,风险共担

　　C. 目标一致,责任明确　　　D. 投入利润,分配清晰

第九节
关注生命周期

主题研讨

企业生命周期

　　A有限责任公司是2000年成立的一家皮鞋公司,成立之初仅有15名员工,主要业务是生产并销售公司品牌皮鞋。公司的王总经理是一位好胜心、进取心、开拓心很强的领导,在他的统一指挥和领导下,公司发展得很快,订单不断增加,人员不断增多,经过五年的时间,发展成当地一家比较知名的企业,拥有员工150余人,年营业收入达到1 000万元。

　　企业创办之初,规模小、人员少、业务量不大、组织管理简单,企业大大小小的事务都由王总经理一手抓、亲自抓。但随着公司业务的增加、规模的扩大、员工队伍的壮大,各种复杂问题相继出现,公司增设了人力资源部、企划部、市场公关部等职能部门,但财务部、人力资源部、生产部等主要部门还是由总经理直接领导,其他副总经理只是分管相对不太重要的部门,各事业部也只是在业务和人员方面做了划分,没有实现经营管理的充分自治,部门之间缺乏沟通、协调和互助,信息传递慢,意见反馈延迟。随着行业的发展,同行竞争加剧,市场订单开始减少,企业负担明显增加,员工情绪逐渐低落,企业后五年的营业收入出现了不增反减的现象。

王总经理面对这种情况,也心急如焚,不知所措……

问题思考

1. A公司自创立之日起,历经五年时间的发展,成为当地一家比较知名的企业,你认为其成功的主要原因是什么?

2. A公司经过发展,规模越来越大,部门越来越多,结果后五年出现了部门矛盾增多、企业负担增大、员工情绪低落等现象,你认为其中最主要的原因是什么?

3. 王总经理面对公司出现的不良现象,心急如焚,不知所措,你能为公司发展提出一些合理的意见或建议吗?

4. A公司从创立到兴盛,再到衰落,你认为这是不是所有企业发展的必然规律?

企业的成长和发展是一个比较复杂的过程。其实任何一个企业都是一个时代的产物,因为企业是在特定时代、为解决特定问题而产生的,并伴随时代的发展而成长,当然也会紧随新问题的产生与旧问题的解决而消亡,由此,也就形成了企业的生命周期。中国中小企业的平均寿命仅2.5年,集团企业的平均寿命为7—8年,与欧美企业平均寿命40年相比相距甚远。我们不少企业都在重复"一年发家、二年发财、三年倒闭"的畸形路,卷进倒闭、亏损的漩涡,这对我们创业者来说,是应该引起高度警觉的现象。如何避免企业出现短命现象,如何延缓企业衰老、延长企业的生命,是每个创业者都应该高度重视的问题。

图9-1　80年代初期,浙江一家乡镇企业制衣车间场景

第二章 创业的流程与模式

图9-2 北京某服装厂生产制造车间

图9-3 申州集团制衣车间

下面,我们从企业生命周期理论考察企业成长的一般规律。

1. 什么是企业生命周期?

1997年10月,美国著名的管理学家、加州大学洛杉矶分校终身教授伊查克·爱迪思(Ichak Adizes)出版了《企业生命周期》(Corporate Lifecycles)一书,他用20多年的时间研究了企业的发展、老化和衰亡过程,他把企业生命周期分为十个阶段:孕育期、婴儿期、学步期、青春期、盛年期、稳定期、贵族期、官僚化早期、官僚期、死亡期,从而形成了企业生命周期十阶段理论,如图9-4所示。

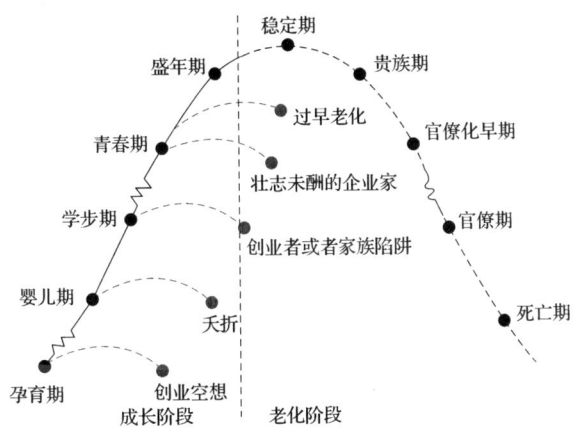

图9-4 企业生命周期十阶段模型

他概括了企业生命不同阶段的特征,提出了相应的对策,指出了企业生命周期的基本规律,提示了企业生存过程中基本发展与制约的关系。

在孕育期,企业应强调创业意图和未来实现的可能性;应关心市场上的消费者需要买什么,而不是正在买什么。但在这个时期,企业很容易出现产品导向而非市场导向;很容易对支持者做出不切实际的承诺。

在婴儿期,企业应集中决策,以销售为王;应勤奋创业,管理好资金。避免低估资金需求,避免过早授权,防止资金链断裂。

081

在学步期，企业应适度分权，完善制度；从机会驱动，加强营销；避免家族式经营的陷阱。

在青春期，企业应加强职业化管理，学会分权与授权，目标从"更多"向"更好"转变；避免新老冲突。

在盛年期，企业应加强组织结构化、管理制度化，注重计划执行力、成果成效以及新业务的孕育；避免管理层盲目自大、缺乏训练有素的员工。

在稳定期，企业应坚持成果导向与制度化管理；避免墨守成规、企业人际关系复杂、员工成长欲望降低，价值创造部门受到排挤。

在贵族期，企业经过兼并增长，应更关注做事形式，将资金用于提高员工福利；避免注重形式大于内容。

在官僚化早期，企业冲突内讧的现象不断增多，顾客意识逐渐淡薄；遇事推诿推脱增多，创新发展勇气锐减。

在官僚期与死亡期，企业制度繁多而无成效，与世隔绝而不进取，抱残守缺而不发展，最终走向衰败和死亡。

当然，还有很多专家和学者，对企业生命周期进行了研究和探索，提出了四阶段、五阶段、七阶段等不同的理论模型，各有侧重地反映了企业的成长规律。

企业生命周期是企业发展与成长的动态轨迹，如果从初创期、发展期、成熟期、衰亡期四个阶段来看，不同时期的企业有不同特点：

初创期：比较脆弱，资金、管理、人员、技术、工艺等方面都比较薄弱。例如：1976年4月，乔布斯和他的两个合伙人一同创建了苹果电脑公司。当时的条件十分艰苦，乔布斯甚至将他家的车库作为办公室。

图9-5　乔布斯与他的合伙人

图9-6　乔布斯的车库

1998年6月,刘强东在中关村创业,成立京东公司。当时的京东公司在中关村电子市场只有一个不大的柜台,主营光盘等多媒体音响器材的销售。

发展期: 具备一定规模,积累了一定的经验和基础,呈现出较好的发展态势。

成熟期: 达到鼎盛时期,规模明显扩大、人员相对稳定、工艺技术比较成熟、管理有自己的规范,有一定的竞争实力和市场占有率。

衰亡期: 发展遇到困境,生产经营面临内忧外患,人心开始涣散,员工逐渐流失,市场占有率渐渐萎缩,濒临破产倒闭。

2. 企业生命周期理论对创业者有何启发?

当我们了解了企业生命周期理论时,就可以针对企业所处的周期采取不同的战略,从而使企业总体战略更具前瞻性、目标性和可操作性。依照企业偏离战略起点的程度,可将企业总体战略划分为三种:发展型、稳定型和紧缩型。

① 发展型战略,又称进攻型战略,目的是使企业在基础战略水平上向更高一级目标迈进。这个战略适用于生命周期处在上升期和高峰期的企业,耗时约为6年。

② 稳定型战略,又称防御型战略,目的是使企业的经营状况保持在特定战略起点的范围和水平。这个战略适用于生命周期处在平稳阶段的企业,耗时一般为3年。

③ 紧缩型战略,又称退却型战略,目的是使企业从基础水平往后收缩和撤退。这个战略适用于生命周期处在低潮阶段的企业,耗时约为3年。

在企业不同的生命周期,采取不同的管理方式,对企业的发展有合适而准确的定位。如创业初期和发展期,组织上相对简单,权力相对集中,管理强调效率和快速反应;在成熟期,组织机构要不断健全,必要的分权和协作必不可少,管理上强调安全和稳健。不同时期的不同策略对改善和提高企业发展质量起到至关重要的作用。

3. 案例分析

阿里巴巴于1999年1月创办,生命周期处在婴儿期的它,1999年10月开展第一次融资,采用了发展型战略;2000年1月得到软银集团投资;2003年5月创建淘宝网站;同年创立了支付宝第三方支付平台,解决支付问题;2007年11月在香港上市,股价飙升;2010年,集团管理创新,内部启动"合伙人"制度,竞争力倍增;2013年5月,布局物流,启动菜鸟网络;同年6月,创建余额宝余额增值服务,对传统金融业带来挑战;2014年启动大数据技术,在战略上遥遥领先;同年,阿里巴巴在美国上市,创造了世界级的互联网公司。一路走来,阿里巴巴在企业上升时期,不断采用发展型战略,推动企业走向顶峰。

一、单选题

产品的生命周期是指产品的(　　)。

A. 使用寿命　　B. 市场寿命　　C. 磨损寿命　　D. 耐用寿命

二、多选题

新产品开发应遵循的原则包括(　　)。

A. 制定恰当的价格,保证卓越的品质　B. 应用最先进的技术

C. 发现需求并满足它　　　　　　　　D. 开发增值产品

三、论述题

1. 什么是企业生命周期理论?

2. 选择一个你熟悉的企业,运用企业生命周期理论分析它的发展历程。

3. 有人说,世界上有很多百年老店至今依然活力旺盛,由此表明企业是可以跨越一般生命周期的,对此,你如何理解和评价?

第十节
善于抓住机会

一滴焊接剂

美国"石油大王"约翰·D·洛克菲勒(1839—1937),出生在一个贫寒家庭,中学毕业后进入一家石油公司工作。由于他的学历不高,没有什么技术,于是被派去做巡视石油罐自动焊接的工作:用眼睛盯着自动滴下的焊接剂,然后沿着石油罐转一圈,看看焊接剂有没有把石油罐的盖子焊接好,最后让自动输送带将石油罐移走。这是石油公司最简单的工作岗位,比较枯燥,没干几天,洛克菲勒就有些厌倦了。但苦于自己没有别的技能,也找不到更好的工作,于是洛克菲勒决定安下心来,把这份工作做好。

每天,洛克菲勒都认真地观察、检查石油罐的焊接工作。后来,公司推行节约行动计划,洛克菲勒就想,我这项工作能否也能节约一些资源呢?他发现每焊一个石油罐,需要使用三十九滴焊接剂,能否少用一点焊接剂?这样既可以节省时间也可以节约焊接剂。于是,经过周密计算,他提出只要使用三十七滴焊接剂就可以焊好一个石油罐。后来经过实验,用三十七滴焊接剂焊接的石油罐还不够严密,这个方法不可用。洛克菲勒没有灰心丧气,而是更加深入地研究,经过多次测试,他终于研制出"三十八滴型"焊接机。使用这种焊接机,每次可以节约一滴焊接剂,一年下来能为公司节省五百万美元的开支。

一次节约行动计划和一滴不起眼的焊接剂,改变了洛克菲勒的一生。后来他成长为实业家,成为19世纪的亿万富翁和"石油大王"。

问题思考

1. 洛克菲勒在简单枯燥的工作岗位上能做出突出的成绩,你认为其中最重要的原因是什么?

2. 如果你是洛克菲勒,一开始被安排了巡视石油罐自动焊接的工作,你会如何对待这样一份工作?

3. 洛克菲勒出身贫寒,却能成长为亿万富翁和"石油大王",你认为最关键的因素是什么?

4. 一次节约行动计划和一滴不起眼的焊接剂能改变洛克菲勒的一生,给你最大的启发是什么?

我们经常听说,机会总是留给有准备的人。那么,行走在创业路上的你,是否准备好了?机会,往往稍纵即逝,善于抓住创业机会的人,可能就迈进了成功创业的大门。

或许有人会问,创业机会是什么样的?怎样才能抓住创业良机?下面我们来做一些探讨。

1. 什么是创业机会

创业机会是指有利于创业者开展创业工作的外部环境、条件和变化,创业者借此可以为客户提供有价值的产品或服务,同时获得良好的收益。

要创业,找到一个好的创业机会非常重要,当然,这也不是一件容易的事。因为好的创业机会是有条件的,正如杰夫里·A·第莫斯教授在《21世纪创业》中提出,好的商业机会有四个特征:

第一,它十分吸引顾客;

第二,它能在你的商业环境中行得通;

第三,它必须在"机会之窗"存在的期间被实施。这里的"机会之窗"是指商业想法推广到市场上所花的时间。若竞争者已经有了同样的思想,并

且产品已推向市场,那么"机会之窗"也就关闭了;

第四,你必须有资源(人、财、物、信息、时间)和技能才能创立业务。

2. 怎样发现创业机会

先讲一个案例:李维斯是著名的牛仔裤品牌,当初创始人李维斯跟着一大批人去西部淘金,途中一条大河拦住了去路,许多人感到愤怒、沮丧,甚至退缩,李维斯却说:"棒极了!"他租了一条船供人摆渡,结果赚了不少钱。不久摆渡的生意被人抢走了,李维斯又说:"棒极了!"因为采矿工人容易出汗,需要喝很多水,于是别人采矿,李维斯卖水,他又赚了不少钱。后来卖水的生意又被抢走了,李维斯又说:"棒极了",因为他发现,采矿工人跪在地上,裤子的膝盖部分特别容易磨破,而矿区里有许多被人丢弃的帆布帐篷。李维斯把这些旧帐篷收集起来洗干净,做成裤子卖给矿工,销量很好,"牛仔裤"就这样诞生了。

可见,李维斯一次又一次地找到了商机,也成就了他"牛仔大王"的称号。由此启发我们思考,创业机会究竟在哪里?

(1) 平静中暗藏机遇

暗藏在社会生活中的创业机会是如此新颖、如此巨大,关键是你有没有像马云、刘强东、马化腾等人一样洞察到商机,抓住创业的机遇。

(2) 变化中隐藏机会

环境的变化,往往是矛盾斗争的结果。矛盾的出现和化解,往往带来新的需求和期盼,就会给相关行业带来诸多机会;透过这些变化,就会发现新的前景和商业契机。著名管理大师彼得·德鲁克将创业者定义为"那些能寻找变化,并积极反应,把它当作机会充分利用起来的人"。

变化其实无处不在,如国家产业结构的调整、科技的进步、通信方式的变革、政府放管服制度的推进、经济信息化与工业化的融合、群众价值观与生活形态的变化、居民收入水平的提高、人口结构的变化……

这些变化中蕴藏着新的机会,例如,随着人口老龄化速度的不断加快,新型养老模式相继出现,催生了许多新兴产业。

创业进阶 CHUANG YE JIN JIE

3. 怎样提升发现创业机会的能力?

发现创业机会不是一件容易的事情,但也不是毫无可能。创业者可以在日常生活中有意识地加强实践,培养和提高这种能力。

① 养成深入社会、主动调研的习惯。发现创业机会的最重要的一条路径就是深入市场,进行调研,充分了解市场需求情况、供求状况、变化趋势和竞争对手的背景。

② 养成细心观察、主动思考的习惯。我们常说,见多识广、识多路广。所以要养成多看、多听、多想的习惯,帮助我们广泛获取信息,及时捕捉契机,快人一步发现机会。

③ 养成逆向思维、创新思维的习惯。机会往往被少数人抓住,我们要克服从众心理和传统习惯性思维的束缚,敢于运用逆向思维、跨界思维、跳跃式思维和创新思维;对待问题,要有独立思考,不能人云亦云,不为别人的见解所左右。看清了、看准了,就大胆地行动吧!

一、多选题

提升发现创业机会的能力,离不开(　　)。

A. 主动调研　　　B. 细心观察　　　C. 主动思考　　　D. 创新思维

二、论述题

1. 在现实生活中,怎样发现创业机会?

2. 有人说,创业机会主要靠运气,可遇不可求。对此你如何理解?

03 第三章

创业的融资与管理

- 学点融资本领
- 熟悉融资渠道
- 关注风险投资
- 加强企业管理
- 懂点精益管理
- 学会规避风险
- 重视知识产权保护

第一节
学点融资本领

借 钱

在现实中,不论是生产还是生活,经济紧缺是常见现象。大家缺钱时,很容易想到借钱渡过难关,但借钱并不是一件简单的事。

2010年11月至2011年8月期间,某公司王经理向张某的银行账户分两次转账80万元。2012年1月,王经理向张某出具了一张借条,上面写道:今向张某借人民币50万元,每月息一分计算,5月归还。张某在借条下方也注明:2012年7月26日收回借款30万元、8月25日收回借款10万元、11月5日收回借款10万元。2014年7月11日,王经理持两张银行汇款凭证向法院提起诉讼,要求张某偿还80万元人民币。

问题思考

1. 案件中涉及的50万元,究竟是谁的钱?为什么?

2. 案件中涉及的80万元,究竟是谁的钱?为什么?

3. 王经理手持两张银行汇款凭证向法院提起诉讼,要求张某偿还80万元人民币,法院会支持王经理的诉讼请求吗?为什么?

4. 这个案例告诉我们,在创业过程中,如果通过借钱融资,应该注意什么?

创业进阶

　　创业者,要创办一个企业、一家公司,一定少不了人、财、物的支撑,特别是对初次创业者以及创业初期的创业家而言,往往最缺的可能就是钱。缺钱怎么办? 也许有人会说,借钱呀! 不错,那问一问你:向谁借? 借多少? 怎么借? 这些问题,其实已经触及一个专业的概念——融资。

　　今天,我们就来讨论有关融资的几个问题。

　　从狭义上讲,融资是一个企业筹集资金的行为与过程,是一个公司根据自身生产经营状况、资金拥有状况以及未来发展需要,通过预测和判断,从一定的渠道向投资者和债权人筹集资金,保证正常生产和经营管理活动需要的理财行为。

　　我们知道,一个企业没有资金、没有资本、没有资源,就无法生存和发展。因此,企业在经营过程中,既要维持正常的运营活动,同时还要扩大规模,有时还要偿还到期的债务,所有活动都需要资金的支持。所以,融资往往出于以下几个原因:

　　第一,资金缺乏——这是大多数公司融资的最主要原因。对于一个小微企业或个人来说,你有一个新研发出来的产品或者一个很好的 idea,但你没有钱,没有资源,那你还是束手无策、寸步难行。因此,你必须融资,你得先拿出一个商业计划书或者一个产品小样,将你的想法或产品完整地展现出来去找投资机构或融资平台,或是天使投资人。对于一个大中型企业而言,虽然拥有一定的资本积累,但要进一步加强研发,推进新产品和新项目,扩大规模,抢占市场,占有行业的一席之地,想要快速发展就需要通过融资实现。

　　第二,抢占资源——有些公司可能不缺资金,但他们依然选择融资,其实就是看中了投资人或团队背后的各种资源。像百度(Baidu)、阿里巴巴(Alibaba)、腾讯(Tencent)这样的大企业,背后都有强大的投资团队。比如红杉资本,它在中国投资的企业有好几百家,如 360、京东金融、万达集团、高德地图、阿里巴巴、今日头条等,投资方给这些公司提供的不仅仅是资金,还有丰富的资源和多样的帮助,推动强强联合,撬动市场。

　　第三,宣传效应——一个公司如果在上市前有较好的融资效果,将会带来良好的宣传效应;强大的资本的进入有利于提升公司的综合实力和整体形象,有利于提高公司上市时的股票发行价格,也能增加股民对公司的信任度和期待感,从而使股民愿意买入大量的公司股票。

第四,降低风险——企业在运营过程中,难免会受到市场、银行、政策等多种要素的影响,如果资金链紧张或断裂,会极大地影响企业的生死存亡,在这些艰难时刻或紧急关头,只有获得一笔融资,才有可能帮企业度过"寒冬",从而降低破产的风险。

第五,为上市做准备——上市是企业做大做强的必经之路,上市前的融资可以帮助企业获得资金、孵化新产品、扩大规模、提升知名度、获得各种社会资源,为上市做好必要的准备。

我们通常说,融资属于金融活动,是货币资金的融通行为,是当事人通过各种方式到金融市场上筹措或贷放资金的行为。从现代经济发展状况看,一个企业的发展一定离不开金融支撑,因此,作为一个现代企业的老板或企业家,其实比以往任何时候都更加需要了解金融知识、金融机构、金融市场和融资方式。正如邓小平同志1991年在上海视察时指出:"金融很重要,是现代经济的核心,金融搞好了,一着棋活,全盘皆活。"

一、单选题

下列不属于初创企业融资方式的是(　　)。

A. 亲友资金　　　　　　　　B. 风险投资

C. 孵化器投资　　　　　　　D. 索求投资

二、论述题

有人说,作为一个现代企业的老板或企业家,必须要掌握融资的本领,才能把企业做强做大;也有人说,现代企业的老板不一定要懂金融,只要懂技术,同样可以把企业办好。针对这两种观点,谈谈你的认识和理解。

第二节
熟悉融资渠道

 主题研讨

贷款融资

案例1

A公司创立于2009年,主要生产一类高端食品,发展迅速,2012年营业收入达到7000万元,是典型的成长型中小企业。后因生产经营条件不能满足企业发展需求,便租用了别人的厂房20年,翻建了两万多平方米的现代化生产基地。但因建厂耗尽企业积累,导致流动资金吃紧,资金缺口约800万元。于是,公司准备向银行贷款。跑了多家银行,因为没有土地权证,不能向银行提供法定的抵押物,尽管有良好的现金流,该公司仍然没有获得银行贷款。

问题思考

1. A公司是典型的成长型中小企业,想通过抵押贷款融资,但没有成功,主要原因是什么?

2. A公司除了向银行贷款融资这条途径外,还有哪些可能的融资渠道?

3. A公司作为一个成长型中小企业,短短几年就有了良好的发展势头和资

本积累,但随后耗尽企业全部积累,翻建厂房,扩大生产,从而导致现金流短缺,你认为这样的发展战略是否可取?A公司应该怎样做好发展规划和融资安排?

我们知道,企业的发展离不开资金支持。必要的时候,企业要善于通过融资的手段和方式筹集资金,促进企业发展,做强、做大或做优、做特。

君子爱财,取之有道;企业融资,融之有道。那么,企业有哪些融资方式和融资渠道呢?

根据不同的分类标准,企业融资可分为:

1. 内源融资和外源融资

内源融资是指企业不断将自己生产经营活动产生的积累转化为投资的过程。主要包括公司设立时股东投入的股本、折旧基金以及各种形式的公积金、公益金和未分配利润等留存收益。

特点:原始性、自主性、低成本、低风险性。

内源融资是企业生存与发展不可或缺的重要组成部分。在发达的市场经济国家,内源融资是企业首选的融资方式,是企业资金的重要来源。

外源融资是指企业通过一定方式向企业之外的其他经济主体筹集资金,转化为自己投资的过程。主要方式有:银行贷款,股票发行,企业债券,企业之间的商业信用、融资租赁。

特点:高效性、限制性、偿还性、高成本性、高风险性。

随着技术的进步和生产规模的扩大,单纯依靠内源融资已很难满足企业的资金需求,外源融资已逐渐成为企业获得资金的重要方式。

2. 直接融资和间接融资

直接融资是指不经过任何金融中介机构,由资金短缺的单位直接与资金盈余的单位协商进行借贷,或通过有价证券及合资等方式直接从资金供给者手中筹措资金的一种融资方式。直接融资的形式有:买卖有价证券、预付定金和赊销商品、不通过银行等金融机构的货币借贷等。

直接融资是资金供求双方通过一定的金融工具直接形成债权债务关系的融资形式。主要工具有:商业票据、直接借贷凭证、股票、债券。

特点：直接性、长期性、流通性。

间接融资是指由商业银行等金融中介机构通过发行辅助证券的方式，将社会闲散资金集中起来，再供应给企业等资金需求者的一种融资方式。

也就是说，资金盈余单位与资金短缺单位之间不发生直接关系，而是分别与金融机构发生独立的交易，资金盈余单位通过存款，或者购买银行、信托、保险等金融机构发行的有价证券，将其暂时闲置的资金提供给金融机构，再由这些金融机构以贷款、贴现等形式，或通过购买需要资金的企业发行的有价证券，将资金提供给这些单位使用，从而实现资金融通的过程。

特点：间接性、短期性、非流通性。

3. 股权融资和债权融资

股权融资是指企业的股东愿意让出部分企业所有权，引进新的股东筹措资金的一种方式。

股权融资是在公司创办以及增资扩股时采取的融资方式，目的是增加股本，扩充资本实力。股权融资所获得的资金，企业无须还本付息，但新股东将与老股东同样分享企业的赢利与增长。

股权融资的特点：

长期性——股权融资筹措的资金具有永久性，无到期日，无须归还；

不可逆性——企业采用股权融资无须还本，投资人欲收回本金，需借助流通市场；

无负担性——股权融资没有固定的股利负担，股利的支付与否和支付多少视公司的经营需要而定。

融资渠道：

股权融资按融资的渠道划分，主要有两大类：

第一，公开市场发售——通过股票市场向公众投资者发行企业的股票来募集资金，如企业的上市、上市企业的增发和配股都是利用公开市场进行股权融资的具体形式。

第二，私募发售——企业自行寻找特定的投资人，吸引其通过增资入股企业的融资方式。私募成为民营中小企业进行股权融资的主要方式。

债权融资是指企业通过借钱的方式进行融资,债权融资所获得的资金,企业需要支付利息,并在借款到期后向债权人偿还本金。债权融资的特点决定了其用途主要是解决企业营运资金短缺的问题,而不是用于资本项下的开支。

按渠道不同主要分为:国内银行贷款、国外银行贷款、发行债券融资、民间借贷融资、信用担保融资和金融租赁融资等。

4. 长期融资和短期融资

长期融资是指筹资者选择时间较长的、主要用于解决扩展资本需要的融资方式。

长期融资能使企业获得长期使用的资金,包括权益资金和长期负债资金。权益资金不需要归还,企业可以长期使用。长期借款和长期债券虽然需要归还,但是可以持续使用较长时间,通常将年期超过一年的债务资金称为长期债务资金。

长期筹资还包括股利分配。股利分配决策同时也是内部筹资决策。净利润是属于股东的,应该分配给他们,留存一部分收益而不将其分给股东,实际上是向现有股东筹集权益资本。

短期融资是指筹资者选择时间较短的、主要用于解决短期资金使用和周转需要的融资方式。投资者主要用来满足资产流动性管理的需要。

短期融资的方式主要有五种:商业信贷、银行借款、商业票据、短期融资券和典当抵押融资。

一、单选题

下列关于融资的说法错误的是( )。

A. 亲友投资通常以长期贷款的方式进行

B. 风险投资不需要抵押和偿还

C. 天使投资对于种子期所需资金额度不大的初创高科技企业来说是不错的选择

D. 创业投资是指具有高增长潜力的未上市创业企业进行的股权投资

二、简答题

1. 内源融资和外源融资有何异同？

2. 债权融资和股权融资有何异同？

三、论述题

试论述我国小微企业融资难的主要原因和对策分别是什么？

第三节
关注风险投资

 主题研讨

风险投资与公司发展

20世纪90年代,A和好友B合伙开了一家"真品店",生意越做越红火,并准备开办连锁店,扩大经营。当时约定的股权分配是B占50%,A及其妻子C(B的姐姐)各占25%。而在2006年,A与其妻C离婚,C用25%的股份换来了子女的抚养权,这样A和B的股份持平。2007年"真品店"引入了两家风险投资基金,A和B各让出3%的股份给两家风险投资公司,最后因A想要打造新的公司管理和治理结构,联合两家风投,在"真品店"的持股比例反超B,并对"真品店"的高层进行大调整,在员工聘任方面与B产生分歧,由此不断产生矛盾,最后演变成"内斗"……

问题思考

1. A和B合伙经营,生意越做越大,并想通过引入风险投资基金的方式扩大规模,你认为他们在引入风投基金时应该注意什么?

2. A和B合伙经营,并引入两家风险投资基金,原本是想开办连锁店,扩大经营,但A通过控制风投基金的股份,在股权占比中超过了B,最后想排挤B,你认为A的这种行为是否合理?

3. A 控制风投基金后,和 B 的持股比例相差不大,而 A 真的能以多出来的 6% 的优势实际控股吗?

风险投资(Venture Capital,缩写 VC),简称风投,又称为创业投资。广义的风险投资泛指一切具有高风险、高潜在收益的投资;狭义的风险投资是指以高新技术为基础,生产与经营技术密集型产品的投资。风险投资主要是指向初创企业提供资金支持并取得该公司股份的一种融资方式。

对一个风险企业而言,从创业到发展壮大一般要经历种子期、初创期、扩张期和成熟期四个阶段,每一个阶段的完成以及向后一阶段的发展都需要资本和管理的配合。因此,风险投资也可以划分为种子期投资、初创期投资、扩张期投资和成熟期投资,不同阶段所需风险资本的性质和规模都有所差异。一般情况的融资顺序为:

天使投资→A 轮(第一轮)融资→B 轮(第二轮)融资→C 轮(第三轮)融资等。

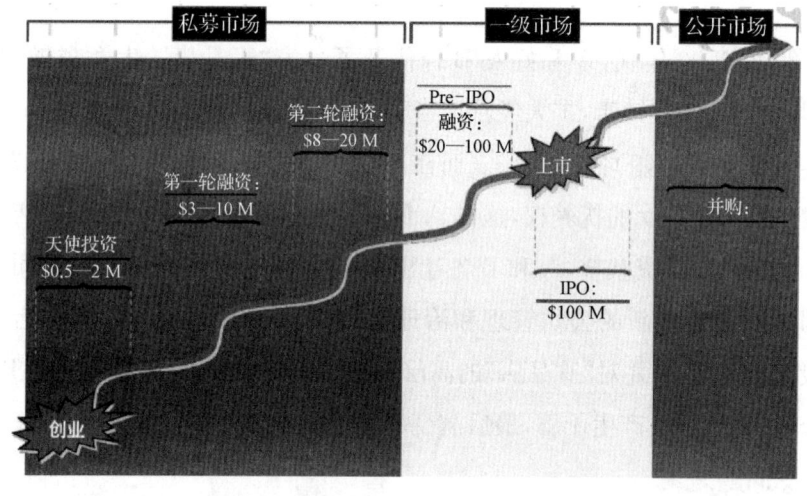

图 3-1 投资模式与企业发展的对应关系

一、种子期——天使投资

在风险企业发展萌芽阶段,创业者为了验证其新技术、新产品或新模式的可行性,需要一定的启动资金将自己的发明或创意商品化。但由于新技术、新产品和新模式的市场前景缺乏充分可靠的信息,处于初级阶段的风险企业往往较难吸引到正式的风险投资,更多是由天使投资者(Angeel Investor)进行投资。这个时候,创业者可能只拥有一个创意,其他什么都没开展;也可能刚开始运营,还没有出来产品,或者制造出的产品还没有大规模销售。此时浇浇水,种子就会长大,天使投资者就起到浇水的作用。

天使投资是权益资本投资的一种形式,是指富有的个人出资协助具有专门技术或独特概念的原创项目或小型初创企业,进行一次性的前期投资。天使投资是风险投资的一种形式,根据天使投资人的投资数量以及对被投资企业可能提供的综合资源进行投资。

天使投资对于种子期的投资,在其全部投资中所占的比例一般不超过10%。这个阶段的投资资本主要有两种:一种是种子资本,主要用于产品开发和市场分析;另一种是启动资本,用于产品的试制和试销。

二、初创期——A轮(第一轮)融资

当风险企业步入初创阶段,从产品开发成功到大规模生产,需要较多的资本用于购买设备和建立市场网络,以形成生产能力并拓展市场。由于在技术或创意商品化过程中仍然存在较多的不确定性,企业很难从其他融资渠道获得资本支持。此时,是风险资本参与风险企业投资的主要时机。也就是说,经过种子期的培育,种子会长大;进入初创期,企业在成长过程中还是有许多风险,需要更多外界的呵护,于是风险投资就可以及时参与,实现企业A轮融资。A轮之后就是B轮,如果需要还可以进行C、D轮融资。A轮融资金额一般为200万—1 000万元。

三、扩张期——B轮(第二轮)融资

在扩张期,风险企业的运营已取得一定的业绩,商业模式、盈利模式看起来都还不错,需要进一步开发产品,推出新业务,拓展新领域,需要更多的资金投入。在 A 轮融资的基础上,一些新的风险资本加入。风险投资者在这一阶段会加强对风险企业的管理监控,更加积极地参与风险企业的重大决策,确保投资成功。B 轮融资金额一般为 500 万—3 000 万元。

到 C 轮融资,创业公司生存下去的概率更大,盈利能力和用户规模被看好,如果公司的市场前景好、用户多,即使暂时不盈利也会被风险投资看好。C 轮融资金额一般为 5 000 万元以上至 10 亿元。C 轮融资以后一般考虑上市。

四、成熟期——Pre-IPO 基金

当风险企业发展到成熟期,运营管理比较成熟,市场前景比较明朗,为了获得资本收益,实现资本退出,风险企业往往会考虑引进一些知名风险投资机构或风险投资家作为企业股东提高企业的知名度,为公开上市发行股票做好准备,这时,Pre-IPO 基金就可及时参与。Pre-IPO 基金,顾名思义是指投资于企业上市之前,或预期企业可近期上市时的基金,是私募股权投资的一种。该基金的退出方式一般为上市后从公开资本市场出售股票退出。

五、首次公开发行(IPO)

不论是对风险投资家还是风险企业来说,首次公开发行(IPO)都是风险资本退出的最佳方式。风险投资家可以通过在证券市场上出售风险企业的股份收回资本。

首次公开发行(Initial Public Offerings,简称 IPO),是指一家企业或公司(股份有限公司)首次向社会公众公开招股的发行方式。

IPO 的四大辅助机构分别是:证券公司、律师事务所、会计师事务所和 IPO 咨询机构。证券公司主要负责证券发行承销以及对公开发行募集文件进行核查,并出具保荐意见等;律师事务所主要对发行上市等相关法律问题

出具法律意见;会计师事务所主要针对企业财务、盈利预期等给出专业意见;IPO咨询机构对企业融资服务、引入战略投资者等相关问题提供咨询服务。

首次公开发行股票的审核工作流程分为受理、见面会、问核、反馈会、预先披露、初审会、发审会、封卷、会后事项、核准发行等环节。

首次公开发行的要求:

① 股票经国务院证券管理部门核准已公开发行;
② 公司股本总额不少于人民币3 000万元;
③ 公开发行的股份占公司股份总数的25%以上;
④ 股本总额超过4亿元的,公开发行的比例为10%以上;
⑤ 公司在三年内无重大违法行为,财务会计报告无虚假记载。

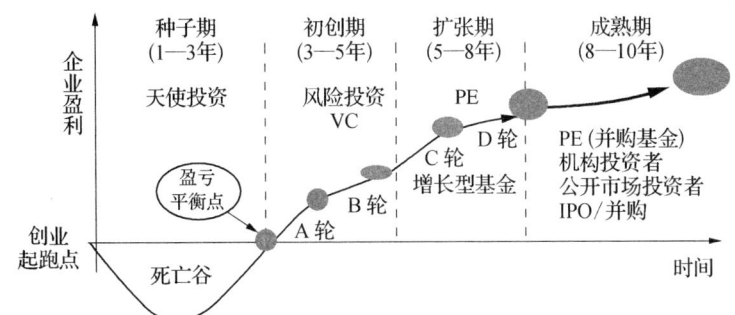

图3-2 企业成长路径及融资方式

一、单选题

创业机会的市场评估主要包括(　　)。

A. 市场定位　　B. 市场规模　　C. 市场占有率　　D. 市场渗透力

二、论述题

1. 企业在不同发展阶段所需要的风险资本的性质和规模有何差异?
2. 公司首次公开发行股票需要满足什么条件?

第四节
加强企业管理

公司管理

在某一线城市,一家上市企业的分公司已有十多年的发展历史,随着经营产品种类的增加,分公司也增设了多个事业部,分公司的组织机构逐渐庞大起来,但分公司的管理能力没有明显的改善,甚至出现人浮于事、互相推诿的现象。原来,分公司总裁为了保证自己地位稳定,不敢起用强人,不想起用能人,而把擅长巴结迎合的人安排在重要职位上。结果,管理部门有能力的人员纷纷离职,能力欠缺的人却留了下来,在重要岗位上不作为、乱作为,使得分公司的工作环境、管理氛围、发展态势日渐消退,人员关系日益复杂,公司效益开始下滑。

问题思考

1. 这家上市企业的分公司随着业务的扩大而不断增设管理部门,你认为这是否为企业加强管理的最有效方式?

2. 这家上市企业的分公司随着业务的扩大增设管理部门后,出现了效率下降、效益下滑现象,你认为根本原因是什么?

3. 为防止这家上市企业的分公司衰落,你认为这家公司应该怎样进行管理?

4. 假如你是上市企业的董事长，你打算如何处理这家分公司？

人们常说,管理出效益,管理出质量,管理出成果。可见管理的重要性。对一个企业而言,管理是生产经营活动中的重要一环。

企业管理就是企业在生产经营活动中进行计划、组织、指挥、协调和控制等一系列活动的总称。企业管理是尽可能利用企业的人力、物力、财力、信息等资源实现企业的目标,获得最大的经济利益和社会效益。

管理是一件很复杂的事,从不同的层面,人们对管理有不同的认识和理解：

① 按照管理对象划分,管理包括：人力资源、资金、项目、技术、设备、工艺、流程、信息、客户、市场、制度、文化等。

② 按照业务职能划分,管理包括：计划管理、生产管理、采购管理、销售管理、质量管理、仓库管理、财务管理、项目管理、人力资源管理、信息管理等。

加强企业管理,根本目的就是统一思想、凝聚力量、形成合力、提高效率,实现企业目标。

管理也是一件可程序化的事情,不同的企业和单位往往采用不同的管理模式。企业中常见的管理模式有：

1. 亲情化管理模式

在一些家族企业,往往是通过安排有家族血缘关系的人实现对企业的运营管理。这种亲情化管理模式在企业的创业阶段常常能起到较好的作用和效果。但当企业发展到一定程度和规模时,这种模式就很快暴露出弊端和缺陷：创新不足、内耗太大、矛盾四起,从而影响企业的开拓和发展。

2. 友情化管理模式

特别是在企业初创阶段,以友情为纽带实现企业管理的模式,对企业的创办有积极作用。同样,当企业发展到一定规模,尤其是企业利润增长到一定程度之后,受利益因素的影响,友情逐渐淡化,友情化管理模式的弊端也日益暴露,如果不尽快调整管理模式,企业的发展就会受到影响,甚至走向衰落,最终破产。

3. 人情化管理模式

在企业管理过程中,强调以人为本、以情为系的管理模式,强调温情的感染、感情的维系是调动人性的内在动力。这种模式有其合理的一面——对人的尊重、对情的关注,一定程度上能感化和激发人的积极性。但事实上,一个企业仅关注人情是不够的,因为企业面临着生存和发展,面临着竞争和挑战,面临着困难和窘境,面临着利益的分配和调整,往往需要采取雷厉风行的措施和手段,该拍板定夺的要果断决策,该当机立断的要果断行事,如果"拉不下脸""狠不下心""放不下手",往往会耽误企业发展。

4. 独裁式管理模式

在现实生活中,一些企业采用的是封建家长式、独裁式管理模式。企业的董事长或总经理在企业中很强势、霸道、独断专行,常常把个人的思想和意见强加给企业和他人,无视企业的规章制度和民主原则。这种模式在特定时期也许起到一定的积极作用,但从长期来看,充满着危险因素——领导人的一意孤行,既不利于集体智慧的发挥,也容易导致决策错误,甚至助长腐败现象。

5. 制度化管理模式

所谓制度化管理模式,就是按照既定的规则推动企业运行的管理模式。这种规则必须是大家所认同的、带有契约性的规则,也是责、权、利对等的规则。作为一个现代企业,采用制度化管理模式是必然的趋势,也是有效的模式。当然,在制度制定、执行的过程中,要充分考虑人的因素,适当吸收和利用其他几种管理模式的有利因素是必要的,也是合理的。

作为世界级的企业,华为为什么能取得如此成功?其中重要的秘诀之一是它建立了以制度为本的管理模式,形成了以客户为中心、以奋斗者为本、责任结果导向、持续管理改进、价值链利益共享、授权与制衡相结合的系统化管理制度,建立了不唯学历、不唯资历、不唯阅历,能上能下、优劳优酬的管理模式。

练习题

一、多选题

导致企业陷入财务危机的主要因素是（　　）。

A. 内部控制不健全　　　　B. 风险意识淡薄

C. 投资决策失误　　　　　D. 绩效持续下降

二、论述题

1. 有人说，管理出效益；也有人说，管理会导致企业僵化，丧失活力。你对此有何看法？
2. 试列出企业常见的管理模式，并分析它们的异同。

第五节
懂点精益管理

 主题研讨

小改善，大效果

有一家电子设备生产企业，每次有大量螺丝需要在组装设备时装配，而操作工人在安装设备时经常少装、漏装螺丝，导致产品质量出现问题。公司也想了很多办法，如制定质量奖励制度、处罚制度，安排人员巡视检查，等等，都不能杜绝不良现象的发生。原来，工人长时间操作或加班产生的疲劳，令他们无法避免螺丝的少装、漏装问题，然而产品质量开始影响到公司的声誉和发展，公司为此很苦恼。后来，公司引进了精益生产管理办法，经过系统分析和排查，决定减少人为因素。于是，他们专门设计了一种末端装有磁铁的机械手。如果某个部位需要装5颗螺丝，机械手就自动抓起5颗螺丝；如果需要装15颗螺丝，机械手就自动抓起15颗螺丝。操作工人只要看机械手上有没有剩余的螺丝，就能准确得知螺丝是否全部装完，这样就减少了螺丝的少装、漏装问题。

问题思考

1. 有人认为，设备多装或少装一颗螺丝无关紧要，你如何看待这个问题？

2. 公司针对少装或漏装螺丝现象,制定了一些规章制度,为什么仍然不能杜绝不良现象的发生?

3. 从企业管理角度看,提高产品生产质量,你认为应该从哪些方面加强?

4. 针对该公司少装或漏装螺丝问题,除了安装机械手这种方法,你认为还可以采取哪些措施?

管理是人类各种组织活动中最普通、最重要的一种。创办公司和企业,首先是创立一个组织和单位,单位要想正常、高效地开展生产经营活动,就必须重视和加强企业管理。没有受到有效管理的企业将是一团乱麻,不懂管理的老板则是盲目蛮干,好景不会太长。

1. 什么是企业管理

企业管理是社会化大生产的客观要求,是对企业生产经营活动进行计划、组织、指挥、协调和控制等一系列活动的总称。

企业管理的目的就是尽可能充分利用企业的人力、物力、财力、信息等资源,实现投入产出效率最大化,实现企业最大的经济效益和社会效益目标。

目前,有关企业管理的理论、方法和经验也比较多,但无论对于初创企业还是成熟型企业来说,精益管理是企业管理中的一个重要理论,也是实践中颇具实效的管理方法。所以,我们希望创业者能对精益管理做深入的了解,熟练运用,发挥作用。

2. 什么是精益管理

精益管理,源自精益生产(lean production)的概念。20 世纪 80 年代,美国麻省理工学院教授詹姆斯 P.沃麦克等专家、学者对全世界十七个国家的九十多个汽车制造厂进行调查和对比分析,发现日本丰田汽车公司的生产方式是最适用于现代制造业的一种生产组织管理方式。它能够通过提高顾客满意度、降低成本、提高质量、加快流程速度和改善资本投入等途径,使股东价值实现最大化。由此,形成了一种以满足客户需求为导向,以消除浪费和不断改善为核心,使企业以最少的投入获取成本和效益显著改善的一种新的生产管理模式,这就是精益管理。

精益管理的本质是:减少投入、少花时间、少耗费资源、提高效率、提升质量、增加效益、提高企业竞争力。

其实,企业在发展过程中普遍存在浪费现象,如果不加以改善,企业的负担将不堪设想,效益也会一落千丈。简单归纳起来有以下几种情况:

错误型——提供有缺陷的产品或令客户不满意的服务;

积压型——因供大于求造成的积压和多余的库存;

过度加工型——实施了生产不需要的加工或程序;

过度服务型——提供了顾客不需要的产品或服务;

多余运动型——执行了不必要的动作或不必要的物品移动;

无效等候型——因上游不能按时交货或提供服务造成下游等候;

推诿内耗型——因职责或流程界定不清导致相互推诿扯皮。

这些现象在各类企业中都有不同程度的存在,极大影响了企业的生产和发展,努力消除这些低效、无效、浪费等不良现象是精益管理的最重要内容。

精益管理由最初在生产领域的应用,已经延伸到各类企业的管理实践中,也从最初的企业生产管理上升为企业发展战略管理。

精益管理强调两点内容:

一是精益管理必须运用"精益思维",精益思维的核心就是以最小资源投入,包括人力、设备、资金、材料、时间和空间,创造出尽可能多的价值,为顾客提供新产品和及时的服务。

二是精益管理必须运用具体方法。精益管理的具体方法因地制宜、因时制宜,要合理选择,如 5S 管理、PDCA 循环、QC 小组活动、时间管理等。

1. 5S 管理

5S 管理模式起源于日本,是指在生产现场对人员、机器、材料、方法等生产要素进行有效管理,是日本企业一种独特的管理方法,后来成为现代企业管理的一种模式。5S 管理的五大要素是:整理(SEIRI)、整顿(SEITON)、清扫(SEISO)、清洁(SEIKETSU)、素养(SHITSUKE),如下表所示:

表 5-1 5S 管理的内容

中文	日文	英文	典型例子
整理	SEIRI	Organization	倒掉垃圾,长期不用的东西放仓库
整顿	SEITON	Neatness	30 秒内就可找到想要的东西
清扫	SEISO	Cleaning	谁使用,请清洁
清洁	SEIKETSU	Standardisation	管理的公开化、透明化
素养	SHITSUKE	Discipline and training	严守标准,培养团队精神

5S 之间的关系如下图所示:

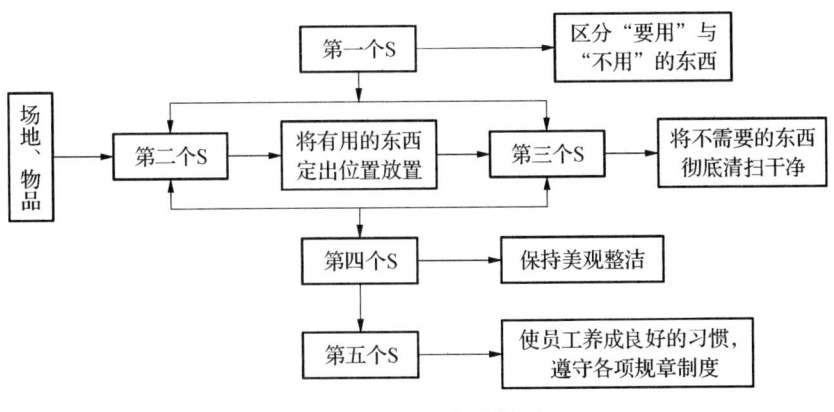

图 5-1 5S 之间的关系

5S 管理有助于提升企业的管理水平:

整理,是一种舍得的智慧;

整顿,是一种归类的能力;

清扫,是一种日常的修行;

清洁,是一种他律的规矩;

素养,是一种自觉的习惯。

2. PDCA 循环

PDCA 循环由美国质量管理专家沃特·阿曼德·休哈特(Walter A. Shewhart)首先提出,后来由戴明采纳、宣传和普及,所以也被称为"戴明环"。PDCA 循环是全面质量管理的思想基础和方法依据,它将质量管理分为四个阶段:

Plan(计划),包括确定方针和目标,制定活动规划;

Do(执行),根据计划和布局,进行具体运作,实施计划中的内容;

Check(检查),总结执行计划的结果,分清对错,明确效果,找出问题;

Act(处理),对检查结果中成功的经验加以肯定,并予以标准化;对失败的教训进行总结;对没有解决的问题,提交到下一个 PDCA 循环中解决。

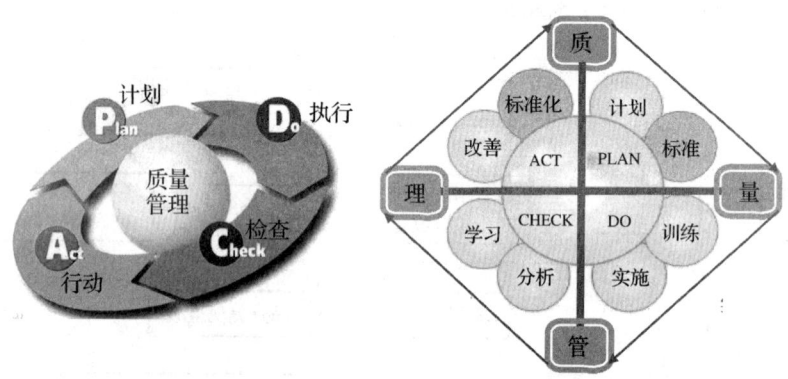

图 5-2　PDCA 循环　　　　图 5-3　PDCA 循环管理模式

在质量管理过程中,PDCA 循环要求把各项工作按照"制定计划、实施计划、检查效果,然后将成功的纳入标准,不成功的留待下一循环解决"这样一个流程来处理,在新的阶段按新的目标周而复始地循环改进,这种工作方法就是质量管理的基本方法。

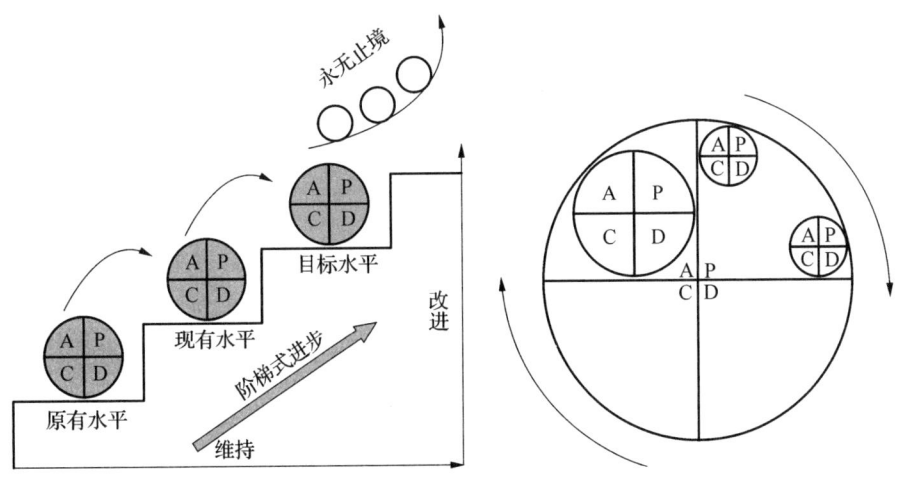

图 5-4 质量管理的基本方法　　图 5-5 层层循环的 PDCA

PDCA 循环,能够使我们的思想方法和工作步骤更加条理化、系统化、规范化和科学化,它不仅适用于整个工程项目,也适应于整个企业和企业内部的科室、工段、班组甚至个人。我们可以在每一个层面、每个环节运用 PDCA 循环,大环套小环,小环里面又套更小的环,各级小环都围绕着企业的总目标朝着同一方向转动,从而形成"大环套小环、小环保大环、推动大循环"的局面,通过循环把企业上下或工程项目的各项工作有机地联系起来,彼此协同,互相促进,协调发展。

一、单选题

1. 精益生产是通过自动化、平准化生产,推行全员改善,不断提高产品质量与生产效率,降低生产成本的一种科学的(　　)。

   A. 生产管理方法　　　　　　B. 质量管控方法
   C. 财务管理方法　　　　　　D. 设备管理方法

2. 精益生产的经营思想是( )。

    A. 成本中心型   B. 服务中心型   C. 利润中心型   D. 售价中心型

3. 不精益的流程,会使流程之间( )。

    A. 更畅通   B. 更协调   C. 节约时间   D. 缺乏协调

4. PDCA循环管理中的"D"和"A"分别指什么?( )

    A. 计划和执行   B. 执行和处理   C. 检查和处理   D. 计划和处理

二、判断题

1. 精益管理是以"人"为中心,充分发挥一线员工的积极性和创造性。下放部分权利,能使员工积极为企业建设献计献策。   (   )

2. 精益生产方式只适用于生产制造部门或相关领域。   (   )

三、简答题

在企业管理过程中,为什么要推行5S管理模式?它的作用有哪些?

第六节

学会规避风险

主题研讨

公司股东责任认定

甲公司是王某设立的一人有限责任公司。2010年,甲公司因为拖欠乙公司材料费50万元被乙公司告上法庭,法院判决甲公司应该偿还欠款。因甲公司无财产可供执行,乙公司认为王某个人财产与甲公司财产混同,故诉至法院,要求判令王某对甲公司的债务承担连带责任。王某辩称,甲公司设有专用银行账号,提交了公司记账凭证和原始凭证,表明个人财产与公司财产划分清楚,不存在混同,不应该对公司债务承担连带责任。

问题思考

1. 你认为王某是否应该对公司承担无限连带责任?

2. 你认为乙公司诉讼要求判令王某对甲公司的债务承担连带责任,是否会得到法院的支持?

3. 如果王某向法院提交的记账凭证和原始凭证不实,无法证明个人财产与公司财产不混同,那么王某是否应该对甲公司承担无限连带责任?

创业是一种态度,也是一种冒险行为。在创业过程中,我们必须清醒地认识到风险无处不在,但我们又不能因为创业存在风险而畏缩不前。

关键是要学会正视风险、规避风险、化解风险,把风险降到最低限度,化险为夷。

1. 什么是创业风险

风险指可能发生的危险。通俗地讲,风险就是指一个事件出现不利、损失、伤害或毁灭性状况的可能性。

创业风险往往是由创业活动的不确定性而带来的损失或失败。在创业过程中,创业者要投入大量的人力、物力和财力,要整合各种新的生产要素与市场资源,要推进组织结构、管理体制、业务流程、工作方法的变革,必然会遇到各种意想不到的情况和困难,从而导致结果偏离预期目标,这就是创业过程中的风险。

2. 创业风险的来源是什么

创业过程是指将某一构想或技术转化为产品或服务。由于创业过程的复杂性、环境因素的不确定性、资金资源的有限性、创业经验的局限性等一系列要素的影响,创业风险往往不可避免。对于创业的大学生而言,创业风险可能受以下几种情况影响:

(1) 盲目选择项目

大学生创业,如果缺乏前期的市场调研和论证,只凭自己的兴趣和冲动,甚至是一时的心血来潮决定投资方向和创业项目,而不能正确地面对现实,往往会被撞得头破血流。

(2) 缺乏创业能力

很多大学生创业者眼高手低,对别人的创业不屑一顾。当把自己的创业计划转变为创业实践时,才发现自己根本不具备创业必要的知识和技能、不具备分析问题和解决复杂问题的能力、不具备社会沟通和交际能力,更不具备创新思维和创造能力,也没有创业的勇气和胆量,这种创业往往会以失败告终。

(3) 资金缺口较大

资金不足是创业者普遍遇到的第一个难题。创业初期,如果缺乏资金,项目就无法启动；启动后如果入不敷出或由于其他原因导致现金流中断，也会给企业带来致命的打击。企业创办后，就需要有足够的资金支持企业的日常运营。很多企业在创业初期因资金紧缺而夭折，或因资金短缺而错失发展良机，最终不得不关门。

（4）社会资源贫乏

企业创建、市场开拓、产品推介、市场推广等工作都需要调动社会资源，而大学生在这些方面的资源非常薄弱。缺少信息渠道、缺乏人脉关系、缺失资源积累的他们，往往会感到力不从心。在非常有限甚至封闭的状态下创业，异常艰难。

（5）存在管理漏洞

大学生创业，可能热情激昂、活力四射，但他们在理财、营销、沟通、管理方面的能力普遍不足。不少大学生创业者，对公司整体的组织架构、制度设计、人事安排、计划布局、资金配置等方面往往存在感情用事、盲目冲动或随意处置的情况，从而导致企业的管理风险剧增。

（6）竞争异常激烈

人们常说，商场如战场。行业的竞争异常激烈和残酷，如何应对竞争是每个企业时时刻刻都要高度重视的事情。如果创业者选择的行业是一个竞争非常激烈的领域，那么在创业之初极有可能受到同行的强烈排挤和打压，一些大企业为了把小企业吞并或挤垮，常会采用低价销售的手段，中小企业因为没有实力抗衡而破产或倒闭。因此，来自同行或跨界的残酷竞争是创业企业所受的最大威胁。

3. 如何预防和规避创业风险

创业有风险，涉入需谨慎。一旦选择了创业，就要做好充分的心理准备，敢于担当一定的风险。同时，要牢固树立风险意识，在创业活动中尽可能预防风险、降低风险、规避风险。预防风险请牢记八个字：分析、评估、预防、转嫁。

第一，学会分析风险。对每一个经营环节，创业者都要学会分析风险，对可能出现的风险要有清醒的认识和应对的预案。

第二,善于评估风险。通过分析,预测风险带来的负面影响。如评估投资失误、投资款到期无法收回、资金周转出现问题等情况,对正常经营会造成哪些影响。

第三,积极预防风险。对创业的重要环节做好风险防范预案,一旦某个环节出现问题,要及时采取补救措施,尽可能地减少负面影响。同时,还要加强管理,建立健全的规章制度,特别是合同管理、财务管理、知识产权保护等方面,加强过程监督。

第四,设法转嫁风险。风险有时不能完全避免,但可以转嫁。例如,财产投保,就是转嫁投资意外事故风险;以租赁设备代替购买就是转嫁投资风险;个人独资创业往往要承担无限责任,但合伙人共同投资,个人只需承担有限责任,就能分散风险。

规避创业风险通常有七招:

第一,以变制胜。适者生存,就是指个体要适应环境的变化。因此,创业者要善于随外部环境的变化及时调整计划和方案。

第二,出其不意,攻其不备。当竞争来袭,要善于用出奇的理念、出奇的产品、出奇的经营手段和出奇的服务方式战胜对手。

第三,以快制胜。市场瞬息万变,往往机不可失,时不再来,比对手快一分就可能多一分机会。胜者属于那些争分夺秒、当机立断者。

第四,集中优势突围。尤其是小型企业,由于人力、物力、财力比较薄弱,如果不把有限的资源和力量集中起来,很难突破重重困境,从而取胜。

第五,趋利避害,扬长避短。选择何种项目、主打何种产品、攻占何种市场,都要仔细权衡与掂量,发挥自己的优势,干应该干的、可以干的事,有所为,有所不为,千万不能贪大求全。

第六,采用迂回战术。中小企业与人竞争尽量避免正面交锋,而应采用迂回战术,干别人不想干的、不愿干的甚至不敢干的事情。

第七,积少成多,聚沙成塔。中小企业经营者要用"滴水穿石"的精神争取每一个胜利。薄利多销、用利润换市场不失为一种求生之道和经营策略。

练习题

一、多选题

以下哪项属于初创企业的竞争策略和方法(　　)。

A. 勇敢亮剑　　　　　　　　B. 避实击虚

C. 以迂为直,以患为利　　　　D. 无争

二、论述题

1. 我们经常听说,创业有风险。请你具体分析,创业到底有哪些风险?

2. 对于一个初创企业来说,到底如何有效防范风险?

第七节
重视知识产权保护

"火柴棍小人"的知识产权

图 7-1 火柴棍小人

朱某是计算机网络动画《小小特警》等作品的作者,在这个作品中,人物形象均为"火柴棍小人"。2003 年 10 月,(美国)耐克公司、耐克(苏州)体育用品有限公司等为宣传推广其新产品"NIKE SHOXSTATUSTB",分别在其网站、商业街、地铁站台、电视台发布包含"黑棍小人"形象的广告。"火柴棍小人"与"黑棍小人",都是用圆球表示头部、用线条表示躯干和四肢的人物形象。朱某为此向北京市第一中级人民法院提出诉讼,请求判决耐克公司等被告:停止侵权,赔礼道歉,消除影响;连带赔偿朱某经济损失 200 万元人民币;连带承担朱某为制止侵权行为所支付的相关费用。诉讼中,被告提交了《福尔摩斯探案集》中的"跳舞的小人"形象图案、上海市交通标志等证据,证明公有领域中涉案小人形象的存在。这就是当年的"火柴棍小人"动漫形象著作权侵权纠纷案。

问题思考

1. 朱某拿"黑棍小人"与"火柴棍小人"相比较,向法院提出诉讼请求,你认为朱某的请求是否合理？

2. 在诉讼中，被告提交了上海市交通标志等证据证明公有领域中有涉案小人形象的存在，依此能否判定被告不存在侵权行为？

3. 此案件表明，知识产权保护是一件非常重要也非常复杂的事情，请你观察身边是否有知识产权侵权问题或纠纷问题？

1970年4月，张某创作了一幅作品《春溪》，将其悬挂在自己家的客厅里面。1999年的一个夏天，某酒厂的厂长李某到张某家做客，看见了这幅画，被画中绿树幽溪的美景所打动，很喜欢。于是李某向张某提出借回家欣赏，得到张某同意后就把画带回家了。后来，李某根据这幅画的"绿树幽溪"场景为酒厂设计了一个商标，并于2000年12月5日申请注册，2002年2月10日注册成功。张某得知这一情况后向法院起诉李某侵犯其著作权，李某以张某没有公开发表作品而无著作权抗辩。

问题思考

1. 你认为张某是否拥有作品《春溪》的著作权？
2. 李某抗辩的理由是否合法，为什么？
3. 李某是否侵犯了张某的著作权，为什么？

根据《著作权法》第二条："中国公民、法人或者非法人组织的作品，不论是否发表，依照本法享有著作权。"因此李某的抗辩理由不成立、不合法。李某未经张某许可，原封不动照搬其作品，用于商业活动，适用于《著作权法》第四十六条"剽窃他人作品"的侵权情形，故李某侵犯了张某的著作权。

创业，是一个美丽而又激动人心的事业，也是一个围困与突围相博弈的事业。也许，你正在发明一项新技术、研发一个新产品、设计一个新商标、构建一个新网站、构造一个新方案、构架一个新体系、构想一个美好的未来，这些都是勇敢且富有意义的工作。但作为一个创业者，你是否想过，这一切的工作和成果如何不被别人模仿、不被别人侵犯、不被别人损害，可以长期地、持续地为公司的发展发挥积极的作用？这就要求各位创业者，在创业之初以及公司发展过程中，不要忽略知识产权的保护，要善于利用知识产权法维护公司的利益,推动公司快速成长和发展。

1. 什么是知识产权

知识产权,也称知识所属权,是指权利人对其智力劳动所创作的成果享有的财产权利,是关于人类在社会实践中创造的智力劳动成果的专有权利。各种智力劳动成果,比如,发明、外观设计、文学和艺术作品,以及在商业中使用的标志、名称、图像等都可被认为是某一个人或组织所拥有的知识产权。随着科技的发展,为了更好地保护产权人的利益,知识产权制度应运而生并不断完善。当今社会,知识产权与人们的生活息息相关,往往存在侵犯知识产权的行为和现象,只有高度重视和不断加强知识产权保护,才能为我们的商业竞争和事业发展带来积极的影响。

2. 知识产权有哪些类型

知识产权,相对于汽车、电脑、土地、房屋等有形财产权而言,属于无形财产权,是依照各国法律赋予符合条件的著作者、发明者或成果拥有者在一定期限内享有的独占权利,主要包括著作权与工业产权,分类如下:

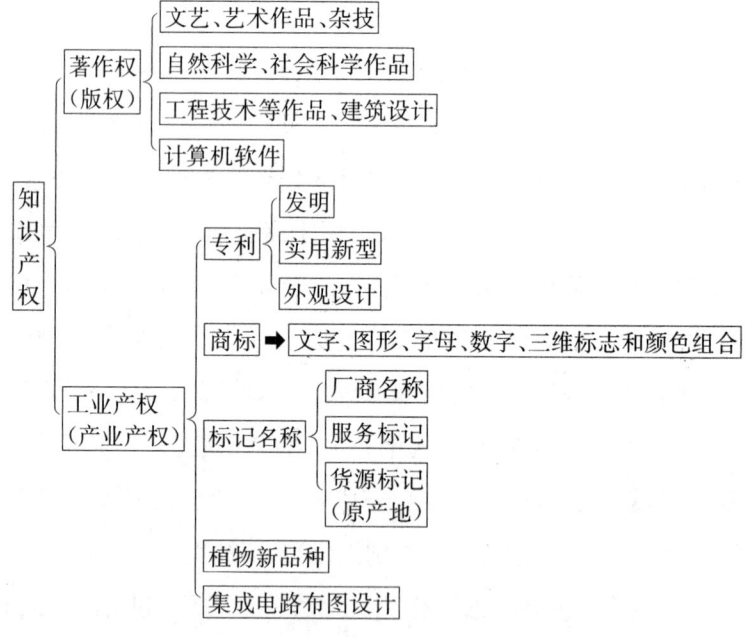

图 7-1　知识产权的具体分类

3. 如何保护企业的知识产权

总体而言,根据创业进度和企业发展状况,建议创业者在创业初期就要着手考虑和布局企业知识产权保护的申请。不同类型的企业需要根据自身的业务类型有重点、有针对性地进行保护,做到线上与线下知识产权共同保护。

例如,以软件开发为主营业务的企业需重点关注:

Logo 的商标保护;

Icon 的著作权保护;

自主开发的软件及工具的著作权保护;

域名保护。

以高科技产品研发制造为主营业务的企业除需关注上述知识产权外,还需要关注专利保护。

从时间阶段来看,商标和域名是创业初期最先需要着手保护的知识产权。具体如何进行知识产权保护,下面以商标申请为例,做简单介绍。

(1) 时间阶段

宜早不宜晚。由于我国注册商标采取"在先注册"保护原则,所以建议大家按照"市场未动,商标先行"的原则,确定产品名称后即可着手商标查询和申请事宜,不必等到产品生产、销售、上线以后再来注册。

(2) 内容和类别

核心字段,即名称中区别于其他产品的具有显著性的部分(首先是文字,如果 Logo 带有图形可以申请文字与图形的组合)。核心字段作为主商标,是一定要申请保护的。

类别,即项目的主营业务所在商标类别,是首先要进行申请的。

(3) 申请方式

找代理机构或向律师事务所咨询。在商标申请前,找专业的商标代理机构或律师事务所就拟申请的商标做咨询和检索,了解你所申请的商标是否符合申请要求及是否有其他人已经在该类别注册了相同或近似商标。跨境业务还须做境外检索。

如果拟注册商标已被第三方注册,应及时考虑是否更换相关商标或者考虑向第三方购买商标。如果没有被注册,可请知识产权代理机构帮助申请注册。

(4) 侵权行为应对

依法处理。《商标法》中有大量条款针对恶意抢注商标、商标侵权行为的处理办法,权利人可以依法提出异议申请或诉讼。

创业不易、创业艰难,现实中因不重视知识产权保护而给公司带来巨大风险和损失、因知识产权纠纷而影响创业和企业发展的事例比比皆是。当然,高度重视知识产权保护工作的企业也很多,像阿里巴巴集团就专门建有知识产权保护平台,为权利人提供维权投诉、品牌合作等一站式服务。我们希望知识产权保护能为企业的发展发挥更加积极的作用。

一、多选题

1. 我国商标法规定,商标可以是(　　)。

　　A. 文字　　　　　　　　　B. 字母或数字

　　C. 颜色的组合　　　　　　D. 文字和图形的组合

2. 专利权具有(　　)。

　　A. 独占性　　B. 专有性　　C. 地域性　　D. 时间性

3. 专利侵权人应承担的法律责任包括(　　)。

　　A. 停止侵权　　B. 公开道歉　　C. 赔偿损失　　D. 追究刑事责任

二、简答题

知识产权的本质属性是什么?

三、论述题

1. 侵犯著作权行为的种类有哪些?

2. 知识产权保护对创办企业或企业的发展壮大有什么好处或作用?

04 第四章

企业的品牌与文化

做好品牌战略规划

加强企业文化建设

做负责任的企业家

第一节
做好品牌战略规划

福特广告

福特(Ford)创立于1903年,是世界著名的汽车品牌。当初,福特汽车公司为寻求一个创意广告而煞费苦心。广告创意负责人查阅了大量资料,尝试了各种想法,写下了一堆文案,却始终没有找到满意的广告方案。负责人开始灰心丧气,随即把手中的文案撕掉,当把最后一张稿纸撕成两半时,他突然眼睛一亮,这撕纸的声音与车内噪音相比如何?负责人灵感突现,倍感欣喜。"和撕纸的声音相比,福特汽车变得悄然无声"这样一个富有表现力的创意广告从此诞生了。

问题思考

1. 你认为福特汽车的广告有何创意?

2. 有人说品牌是通过广告产生的,也有人说既然是品牌就不需要广告,你对此有何想法?

3. 根据现代人的消费观念,如果请你为福特汽车策划一个品牌广告,你打算怎么做?

在日常生活中,人们经常谈到"品牌"这个概念,例如,买手机会想到苹果、小米、华为等品牌；买电脑会想到联想、华硕、戴尔等品牌；买西装会想到雅戈尔、报喜鸟、杉杉、金利来等品牌。可见，品牌在人们心目中的地位和形象十分重要，因为它是质量、信誉、形象、地位、价值的代名词，是人们追求品质生活、享受生活乐趣的一种选择。因此，我们从满足生产和服务、生活和发展角度来说，创业从一开始就要做好品牌战略规划，走品牌战略之路。首先，我们来探讨几个问题：

1. 什么是品牌

品牌是一种识别标志、一种精神象征、一种价值理念，是品质优异的核心体现。

广义的品牌是具有经济价值的无形资产，用抽象的、特有的、能识别的心智概念表现其差异性，从而在人们的意识当中占据一定位置。

狭义的品牌拥有对内、对外两面性的"标准"或"规则"，是通过对理念、行为、视觉、听觉四方面进行标准化、规则化，使之具备特有性、价值性、长期性、认知性的一种识别系统总称。

现代营销学之父菲利普·科特勒在《市场营销学》中指出，品牌是销售者向购买者长期提供的一组特定的特点、利益和服务。品牌是能给消费者带来溢价、产生增值的一种无形的资产。

2. 什么是品牌战略

品牌战略是公司将品牌作为核心竞争力，以获取差别利润与价值的企业经营战略。品牌战略是企业实现快速发展的必要条件。它包括品牌化决策、品牌模式选择、品牌识别界定、品牌延伸规划、品牌管理规划与品牌远景设立等六个方面内容。

品牌化决策。这是解决品牌的属性问题——是选择制造商品牌还是经销商品牌？是选择自创品牌还是加盟品牌？是选择"宜家式"产供销一体化，还是"肯德基"特许加盟模式？这是在品牌创立之前就要决定的问题，因为不同的品牌经营策略，影响着企业的经营方式和发展命运。

品牌模式选择。这是解决品牌结构问题——是选择单一品牌还是多种品牌？是选择联合品牌还是主副品牌？不同模式有不同的适用性与时间性。

品牌识别界定。这是解决品牌内涵问题，也是确立企业希望消费者认同的品牌形象。一般从品牌的理念识别、行为识别与符号识别三个方面规范品牌的思想、行为、外表等内涵。

品牌延伸规划。这是对品牌未来发展领域的界定——明确未来品牌在哪个行业、哪些领域发展与延伸，在降低延伸风险、规避品牌稀释的前提下，谋求品牌价值最大化。

品牌管理规划。这是从组织机构与管理机制上为品牌建设保障机制，为品牌发展设立远景、阶段目标和衡量指标。

品牌远景设立。这是对品牌的现存价值、未来前景和信念准则的界定——明确告诉包括顾客、股东和员工在内的利益相关者：品牌今天的价值、明天的价值以及实现明天价值的努力方向。

3. 案例分享

案例1

苹果公司（Apple Inc.）是由史蒂夫·乔布斯等人于1976年创立的一家高科技公司，总部位于美国加利福尼亚州。用""作为商标图案的苹果，已成为享誉世界的品牌。苹果公司以创新闻名，善于运用品牌组合战略，不断推出新品，如Macbook笔记本电脑、iPod音乐播放器、iMac一体机、iPhone手机、iPad平板电脑等，引领时尚、创意的潮流，拥有无数狂热的粉丝。

案例2

宝洁，作为全球最大的日用消费品公司之一，自1837年成立以来，创办了60余个品牌，产品畅销180余个国家和地区，服务全球50多亿人。1988年，宝洁公司在广州成立第一家合资企业——广州宝洁有限公司，在近三十年的时间里，宝洁在中国的产品由最初的海飞丝、飘柔、潘婷等几个品牌发展到今天的沙宣、伊卡璐、舒肤佳、玉兰油、护舒宝、帮宝适、佳洁士、汰渍、碧浪、品客、吉列、金霸王等二十余个品牌。其品牌战略布局如图1-1所示。

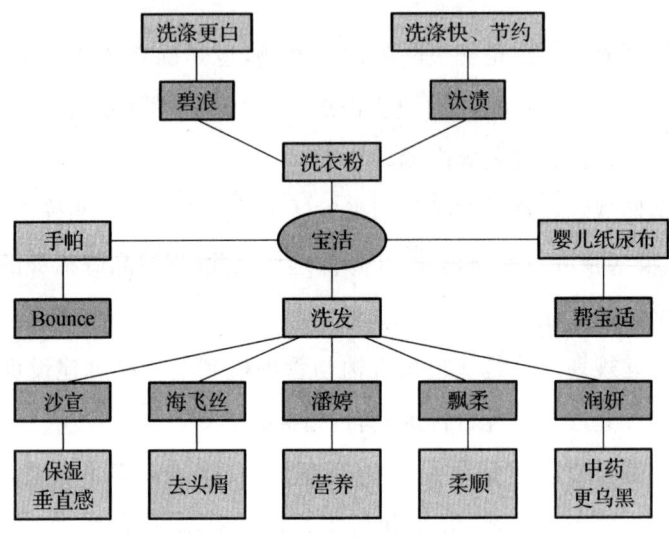

图1-1 宝洁(中国)品牌战略布局

目前,中国已成宝洁全球业务增长速度最快的国家(地区)之一,销售量已位居宝洁全球市场第二位。宝洁在中国市场所取得的成功,与其采用的多品牌战略是密不可分的。

可见,品牌战略是一个企业快速发展的动力源,也是企业成功创业的助推器。所以,我们的创业者们,自始至终都应该不断树立和强化品牌战略意识。

一、单选题

1. 企业战略最根本的特征是(　　)。

　　A. 全局性　　　　B. 创新性　　　　C. 竞争性　　　　D. 合作性

2. 战略管理的目的是(　　)。

　　A. 加强内部管理　　　　　　　　B. 拓展市场空间

　　C. 提高企业的环境适应能力　　　D. 保证计划的落实

二、论述题

1. 什么是品牌战略？品牌战略对企业的发展有何重要意义？
2. 成功的企业在制定战略时都要充分发挥自身的优势以适应外部环境。固特异轮胎橡胶公司，作为世界上最大的轮胎制造商，主要通过大量投资实现工厂现代化，以降低成本、提高质量、增强竞争力。而米其林集团公司，作为世界上第二大轮胎制造商，主要通过产品创新的方式，以高质量赢得声誉，使公司有实力以较高价格获取较高利润。

   ① 上述轮胎制造企业的成功对你有哪些启发？

   ② 试分析上述轮胎制造企业主要运用了何种经营战略。

第二节
加强企业文化建设

华为的企业文化

华为于1987年创立,是全球领先的信息与通信(ICT)基础设施和智能终端提供商,业务遍及全球170多个国家和地区,服务30多亿人口。华为的愿景是把数字世界带入每个人、每个家庭、每个组织,构建万物互联的智能世界。为世界提供最强算力,让云无处不在,让智能无所不及。公司的共同价值:以客户为中心,通过创新的产品为客户创造价值;以奋斗者为本,让有贡献者得到合理回报。公司坚持质量方针:质量是华为生存的基石,是客户选择华为的理由。承诺向客户提供高质量的产品、服务和解决方案,持续不断让客户体验到公司致力于为每个客户创造价值。践行生态与产业发展三大理念:做大产业,开放合作,共享利益。公司在治理方面实行集体领导,不把公司的命运系于个人身上,集体领导遵循共同价值、责任聚焦、民主集中、分权制衡、自我批判的原则。

问题思考

1. 华为的公司愿景是什么?
2. 华为践行生态与产业发展的三大理念是什么?如何理解?

3. 华为的共同价值是以客户为中心,以奋斗者为本,你对此有何评价?

4. 华为能成长为全球领先的信息与通信(ICT)基础设施和智能终端提供商,你认为有哪些优秀的企业文化发挥了重要作用?

同学们,如果我们去企业参观,往往看到很多企业在醒目的位置张贴"厂兴我荣,厂衰我耻""安全生产,重于泰山""客户至上,技术争先,团结协作,求真务实""一流的技术,一流的管理,一流的服务""质量是企业永恒的主题""今天工作不努力,明天努力找工作"等等令人深思、催人奋进的标语。

不知道大家见到这些内容,会有何感想?

这些内容既是企业的追求,也是企业的形象;既是企业的目标,也是企业的动力;既是企业的承诺,也是企业的使命与担当。它们写在纸上,挂在墙上;看在眼里,印在心底。它们是企业的无形资产,是企业的价值取向,它们时时刻刻散发出"鞭策、警醒、鼓励和奋进"的力量,它们就是企业的灵魂、企业的文化。这也是我们要探讨的主题——企业文化。

首先,什么是企业文化?

企业文化,也称组织文化,是一个组织由其理想与信念、价值与追求、符号与仪式、生产与管理方式等组成的特有的文化形象。

企业文化是在一定的条件下,在企业生产经营和管理活动中所创造的、具有该企业特色的精神财富和物质形态。它包括文化观念、价值观念、企业精神、道德规范、行为准则、历史传统、企业制度、文化环境、企业产品等内容。

企业文化是企业的灵魂,是推动企业发展的不竭动力。它包含丰富的内容,其核心是企业的精神和价值观。其实,当我们参观企业时,会明显感受到企业文化的差异:有些企业环境整洁、管理有章、秩序井然、团结奋进、充满活力;有些企业环境脏乱、管理懒散、行事拖拉。这就是不同企业文化的体现。

其次,企业文化的组成和要素是什么?

一般地,人们把企业文化分成三个层次:

① 表面的物质文化,也称企业的"硬文化",包括厂容、厂貌、机械设备、产品造型、外观、质量等内容。

② 中间层的制度文化,包括组织结构、管理体制、规章制度、人际关系等内容。

③ 核心层的精神文化,又称"企业软文化",包括各种行为规范和价值观念、员工素质和优良传统、学习氛围和创新意识等内容,这是企业文化的核心,也是企业精神的体现。

这三个层次的关系如图2-1所示:

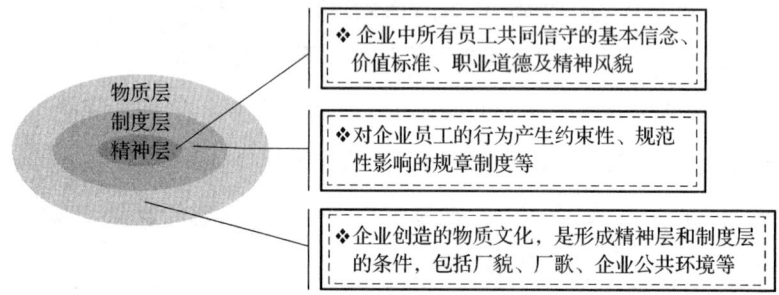

图2-1 企业文化的三个层次

南加利福尼亚大学教授特伦斯·迪尔(Terrence E. Deal)和管理咨询顾问艾伦·肯尼迪(Allan A. Kennedy)将企业文化理论系统概述为五个要素:企业环境、价值观、英雄人物、文化仪式和文化网络。

① 企业环境,是指企业的性质、企业的经营方向、外部环境、企业的社会形象、与外界的联系等方面,它往往决定企业的行为。

② 价值观,是指企业内成员对某个事件或某种行为好与坏、善与恶、正确与错误、是否值得效仿的一致认识。价值观是企业文化的核心,统一的价值观使企业内成员在判断自己行为时具有统一的标准,并以此决定自己的行为。

③ 英雄人物,是指企业文化的核心人物或企业文化的人格化,其作用在于作为一种活的样板,为企业中其他员工提供可供学习的榜样,对企业文化的形成和强化起着极为重要的作用。

④ 文化仪式,是指企业内的各种表彰、奖励活动、聚会以及文娱活动等,它可以把企业中发生的某些事情戏剧化和形象化,生动地宣传和体现本

企业的价值观,使人们通过这些生动活泼的活动领会企业文化的内涵,使企业文化"寓教于乐"。

⑤ 文化网络,是指非正式的信息传递渠道,它由某种非正式的组织和人群组成,它所传递的信息往往能反映职工的愿望和心态。

企业文化五要素的构成如图2-2所示:

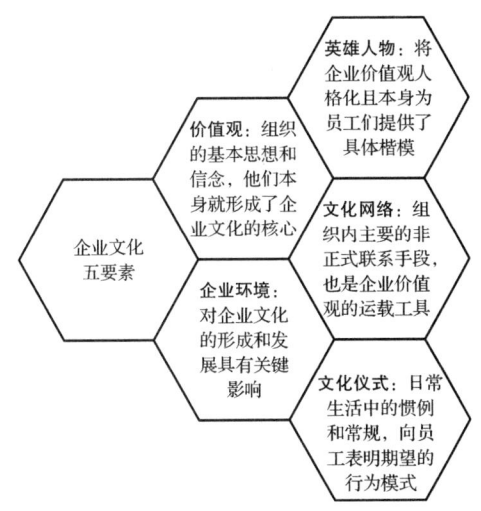

图2-2 企业文化五要素

最后,加强企业文化建设的意义是什么?

我们知道,企业文化的形成也是一个逐步积累、逐渐完善的过程,需要我们企业从实际出发,深入调研,把握企业的现象与本质关系,依据实践经验和发展展望,从感性认知到理性认识,进行科学的概括和总结,进行有意识的宣传和强化,从而充分发挥企业文化的价值和作用。具体来说,加强企业文化建设有五个方面的意义:

第一,企业文化能激发员工的使命感。任何企业都有它的责任和使命,这是全体员工工作的目标和方向,是企业不断发展或前进的动力之源。

第二,企业文化能引发员工的归属感。企业文化的作用就是通过企业价值观的提炼和传播,让一群来自不同地方的人共同追求同一个梦想。

第三,企业文化能加强员工的责任感。企业要通过多种渠道、大量信息

资料向员工宣传责任感的重要性,要让全体员工提高责任意识、危机意识和团队意识,认识到企业是全体员工共同的企业,是大家生存的平台、发展的舞台、竞争的擂台。

第四,企业文化能增进员工的荣誉感。每个人都要在自己平凡的工作领域和工作岗位上,尽心尽力、尽职尽责,多出成绩、多追求卓越和荣誉。

第五,企业文化能实现员工的成就感。一个企业的兴衰关系到每一个员工的生存与发展,企业繁荣,员工们就会引以为豪,积极进取;做出的成绩越多,个人的成就感就越大,企业良性发展就越快。

正如信息与通信行业中的佼佼者——华为,多年来一直坚持"**以奋斗者为本**"的企业文化,以责任贡献来评价员工和选拔干部,为员工提供了全球化发展平台以及与世界对话的机会,使大量年轻人有机会担当重任、快速成长,也使得十几万员工通过个人的努力,收获了合理的回报与值得回味的人生经历。与此同时,华为发展成为世界级的著名企业。正如总裁任正非在《致新员工书》中所说:"物质资源终会枯竭,唯有文化才能生生不息。一个高新技术企业,不能没有文化,只有文化才能支撑她持续发展。华为的文化就是奋斗文化,它的所有文化的内涵,都来自世界的、民族的、伙伴的,甚至竞争对手的先进合理的部分。"

一、单选题

树立企业形象主要依靠( )。

A. 厂房或设备　　　　　　B. 企业管理

C. 创业者的公共环境　　　D. 产品服务

二、多选题

企业文化作为一种微观文化现象,其特征包括( )。

A. 客观属性　　B. 亚文化属性　　C. 本质属性　　D. "两分"属性

第三节
做负责任的企业家

 主题研讨

企业家精神

2020年7月21日,习近平总书记在京主持召开企业家座谈会并发表重要讲话。总书记围绕弘扬企业家精神,提出五点希望:希望大家增强爱国情怀;希望大家勇于创新;希望大家诚信守法;希望大家承担社会责任;希望大家拓展国际视野。企业家要带领企业战胜当前的困难,努力成为新时代构建新发展格局、建设现代化经济体系、推动高质量发展的生力军。这五点希望,既有世界观层面的精神指引,又有方法论层面的现实意义,为企业家成为新时代企业发展的探索者、组织者、引领者指明了方向。

问题思考

1. 总书记在讲话中要求弘扬企业家精神,请问什么是企业家精神?

2. 总书记在讲话中指出,爱国是近代以来我国优秀企业家的光荣传统,企业家爱国有多种实现形式。请你谈谈企业家有哪些爱国的形式。

3. 总书记希望企业家勇于创新,你认为企业家应该在哪些方面勇于创新?

4. 总书记希望企业家诚信守法,做诚信守法的表率。你认为企业家如

何踏实做到诚信守法?

同学们,如果你想创业,成为一名企业家、实业家、创业家,那你需要了解以下内容:

1. 什么是企业家

企业家,指那些按照社会需要和盈利原则,抓住机会引进或开发新产品、新技术,改进企业组织结构,经营生产和流通业务,向社会提供产品或劳动,谋求企业利润最大化和长期发展的企业所有者或经营者、管理者。

企业家的英文是 entrepreneur,这个词语源于法语,原意是"冒险事业的经营者或组织者"。

在现代企业体系中,企业家大致分为两种类型:一种是企业的所有者,从事企业经营管理工作;另一种是受雇于所有者的职业经理人,负责企业管理工作。

企业家是社会的宝贵财富,是推动经济建设和社会发展的重要力量。当今社会,我们需要更多优秀的、具有企业家精神的企业家,为社会发展做贡献。

2. 什么是企业家精神

我们有时会看到一些利欲熏心的企业违规、违法生产、销售产品的社会新闻,这样的企业家一定缺乏真正的企业家精神。那么,企业家的精神到底是什么呢?

首先,应具备勤俭节约、艰苦奋斗的事业心;

其次,应具备开放包容、与时俱进的创新精神;

最后,应具备强烈的社会责任感和使命感。

具体来说,要具备以下的特质和情怀:

(1) 创新是企业家的灵魂

经济学熊彼特在 1912 年出版的《经济发展理论》一书中指出,企业家就是"经济发展的带头人",也是能够"实现生产要素的重新组合"的创新者,他用"创造性破坏(creative destruction)"理论解读了企业家精神的实质和特征。

一个企业最大的隐患,就是创新精神的消亡。无论是产品创新、技术创新、市场创新,还是管理创新,创新都必须成为企业家的本能,成为企业家活动的典型特征。所以,具有创新精神的企业家才是充满激情与活力的企业家。

(2) 冒险是企业家的天性

法国经济学家理查德·坎迪隆(Richard Cantillon,1680—1734)在其著作《商业概论》中指出,企业家的职能是冒着风险从事市场交换,获得的是不确定的收益。他将企业家精神与风险(risk)或不确定性(uncertainty)联系在一起,他认为,没有甘冒风险的精神和承担风险的魄力,就不可能成为企业家。纵观有成就、有影响力的企业,如惠普、索尼、联想、海尔等,虽然他们创始人的生长环境、成长经历和创业机遇各不相同,但无一例外都是在条件极不成熟和外部环境极不明晰的情况下敢为人先,通过艰苦奋斗创造出成功的。

(3) 合作是企业家的信念

经济学家阿尔伯特·赫希曼认为,企业在重大决策中要实行集体行为而非个人行为。也就是说,真正的企业家要擅长合作,而且这种合作精神需要扩展到企业的每个员工。企业家既不可能也没有必要成为一个"超人(superman)",但企业家应努力成为"蜘蛛人(spiderman)",要有非常强的"结网"的能力和意识。马云在创业之初就结交了 17 个有共同梦想的合伙人,组成"十八罗汉",创办了阿里巴巴集团。西门子公司秉承员工为"企业内部的企业家"理念,开发员工的潜质,引导员工合作,为公司合理目标奋斗,创造了令人羡慕的成绩。

(4) 学习是企业家的动力

荀子曰:"学不可以已。"在这个知识爆炸、信息裂变、技术突飞猛进、市场瞬息万变的时代,企业发展必须与时俱进,企业家与企业全体员工都必须坚持主动学习、集体学习和终身学习。日本企业推崇学习管理大师爱德华兹·戴明的质量管理法,学习现代质量管理领军人物约瑟夫·M·朱兰的组织生产管理思想,学习现代管理学之父彼得·德鲁克的市场营销与管理理论。正是企业家与员工平时的学习和积累,改造了企业面貌,打造了团队精神,创造了丰硕成果。

(5) 诚信是企业家的原则

诚信是每个人的立身之本,更是企业家的立命之柱,是企业家绝对不能丧失的基因、不能妥协的原则。市场经济是法制经济,更是信用经济、诚信经济。没有诚信的企业行为,是充满极大风险的。通过2008年三鹿奶粉事件、2018年长春长生疫苗事件,我们可以看到,缺乏诚信、缺乏良知、缺乏社会责任的企业终究会被查处、会被社会抛弃。正如诺贝尔经济学奖得主弗利曼所说:"企业家只有一个责任,就是在符合游戏规则的前提下,运用生产资源从事利润的活动。也就是从事公开和自由的竞争,不能有欺瞒和欺诈。"

我们是时代的骄子、国家的栋梁、民族的希望。新的时代,需要更多有梦想、有责任、有情怀、有担当的企业家!让我们携起手来,共同奋斗吧!

3. 如何弘扬企业家精神

完善政策和法律法规。进一步完善产权保护制度、专利制度、破产保护制度等法律法规,消除企业家的后顾之忧,让企业家专心生产一流产品、发展一流企业。进一步优化企业营商环境,提升行政服务效率,加强金融体系对企业创新创业的大力支持,激发市场创新能力。

完善现代公司治理制度。加快建立现代公司治理制度,使企业内部权、责、利清晰明确,既有利于企业家精神的发挥,也有利于选拔和培养具有企业家精神的战略型、创新型领导团队。

营造良好的社会文化氛围。大力营造尊重和激励企业家干事创业、追求卓越的社会氛围,激励更多的社会主体支持和参与创新创业;积极营造促进企业家公平竞争、诚信经营的市场环境;发挥优秀企业家的示范带动作用,引导广大企业家增强爱国情怀,敢于改革创新,勇于实践探索,坚持诚信守法,勇担社会责任。

4. 案例分析

2020年12月1日—2日,全国企业家活动日暨中国企业家年会在广东省东莞市举行,会议主题为"弘扬优秀企业家精神,勇于创新担当奉献",大会颁发了第十一届袁宝华企业管理金奖、表彰了2019—2020年度全国优秀企业家。2021年6月,太仓市举行"奋斗百年路·赓续新辉煌"太仓市首届优秀民营企业家理想信念报告会,弘扬优秀企业家精神,点燃理想信念,开启新征程,赓续新辉煌,十名企业家获评2020年度首届"太仓市优秀民营企业家"荣誉称号。

优秀企业家是地方经济发展的主力军、创新创业的领头羊、富国富民的建设者,他们有理想、有情怀、有坚守、有匠心,积极把握发展机遇,注重科技研发、人才培养,持续推进理念创新、产品创新、技术创新、商业模式创新,不断将企业做大、做强,争创具有全球竞争力的一流企业。同时,他们热心履行社会责任,积极践行社会主义核心价值观,争做爱国敬业、守法经营、回报社会的典范,实现经济效益和社会效益双丰收。

一、单选题

1. 企业家精神的核心是什么?(   )

   A. 利益　　　B. 发展　　　C. 管理　　　D. 创新

2. 企业家精神的天性是什么?(   )

   A. 诚信精神　　B. 冒险精神　　C. 进取精神　　D. 探索精神

二、论述题

我国已进入新发展阶段,我们究竟需要怎样的"企业家精神"? 又该如何弘扬"企业家精神"? 谈谈你的看法。

综合练习

一、单选题

1. 创业的第一条件就是要有（　　）。

   A. 众人相助　　　　　　　　B. 强烈的欲望

   C. 充足的资金　　　　　　　D. 平和的心态

2. 良好的开端是成功的一半，创业者所选择的项目必须是（　　）。

   A. 最赚钱的　　　　　　　　B. 别人成功的

   C. 朋友推荐的　　　　　　　D. 适合自己的

3. 采用 SWOT 分析方法对企业内外部环境进行综合分析。其中，S 表示（　　）。

   A. 优势　　　B. 劣势　　　C. 机会　　　D. 威胁

4. 制定理财目标一般遵循"聪明（SMART）原则"，具体原则不包括（　　）。

   A. 目标是明确的　　　　　　B. 目标是可以衡量、达到的

   C. 目标是可以超越的　　　　D. 目标具有现实性

5. 商业模式实现的方式是（　　）。

   A. 市场营销　　B. 利润翻倍　　C. 资金回笼　　D. 资本运作

6. 在何处开店是至关重要的，众多因素中（　　）是尤其重要的。

   A. 客流量大小　B. 商圈档次　　C. 租金高低　　D. 物业条件

7. 在激烈的商业竞争中，适宜微小型企业的有效经营策略是（　　）。

   A. 技术取胜　　B. 服务取胜　　C. 价格取胜　　D. 形象取胜

8. 马斯洛提出动机理论的核心是（　　）。

   A. 期望理论　　　　　　　　B. 需求层次理论

   C. 成就需要理论　　　　　　D. 双因素理论

9. 在企业管理的各项职能中,处于首要地位的职能是( )。

A. 计划职能　　B. 组织职能　　C. 智慧职能　　D. 控制职能

10. 为完成创业目标而一起合伙创业的人们,我们称之为( )。

A. 合作伙伴　　B. 创始人　　C. 创业团队　　D. 合伙人

11. 选择合伙人最重要的考虑要素是( )。

A. 良好的品格　　　　　　　　B. 共同的愿景

C. 卓越的能力　　　　　　　　D. 雄厚的资金

12. 我们通常所说的"加盟商"是指( )。

A. 特许人　　B. 受许人　　C. 特许经营总部　　D. 单店

13. 特许经营的核心是( )。

A. 知识产权的授权使用　　　　B. 加盟费的交纳

C. 店面的选址　　　　　　　　D. 统一的管理

14. 在下列连锁经营模式中,管理效率最高、控制力度最强的模式是( )。

A. 直营连锁　　B. 特殊经营　　C. 自由连锁　　D. 以上都不对

15. 以下哪种方式会导致公司的每股收益被稀释,从而引起股价下跌( )。

A. 发行债券　　　　　　　　　B. 进行银行借贷

C. 发行新股　　　　　　　　　D. 进行未分配利润融资

16. 以现有品牌名称推出新产品,被称为( )。

A. 品牌延伸　　B. 多品牌　　C. 新品牌　　D. 产品线扩展

17. 宝洁公司的洗发水产品包括海飞丝、潘婷、飘柔、沙宣等品牌,这种决策称之为( )。

A. 品牌质量决策　　　　　　　B. 家族品牌决策

C. 品牌扩张决策　　　　　　　D. 多品牌决策

18. 精益的核心思想是( )、持续改进。

A. 精益求精　　B. 全员参与　　C. 质量第一　　D. 追求卓越

19. 企业文化是一种( )。

A. 价值观　　　　　　　　　　B. 理论

C. 工具　　　　　　　　　　　D. 管理活动

20. 一个企业的基本特性是由（　　）决定的。

　　A. 精神　　　　　B. 价值观　　　　C. 理念　　　　　D. 现象

二、多选题

1. 对房地产项目进行微观环境分析,其劣势可能包括（　　）。

　　A. 管理混乱　　　B. 资金短缺　　　C. 产品积压　　　D. 竞争力差

2. 行业生命周期包括（　　）。

　　A. 形成期　　　　B. 成长期　　　　C. 成熟期　　　　D. 衰退期

3. 企业实施成本领先战略的途径包括（　　）。

　　A. 发挥规模效益　　　　　　　　　B. 选择具有优势的经营地点

　　C. 增加产品品种　　　　　　　　　D. 选取技术优势

4. 企业在选择融资方式时,应考虑的因素有（　　）。

　　A. 融资成本　　　　　　　　　　　B. 利率水平

　　C. 人员结构　　　　　　　　　　　D. 企业盈利能力

5. 企业进行风险管理,一般应遵循以下原则（　　）。

　　A. 融合性原则　　B. 全面性原则　　C. 重要性原则　　D. 平衡性原则

6. 日本丰田公司的生产方式包括了（　　）等内容。

　　A. JIT　　　　　B. 看板管理　　　C. 六西格玛　　　D. 持续改进

7. 企业理念体系主要包括（　　）。

　　A. 企业愿景　　　B. 企业使命　　　C. 企业价值观　　D. 企业精神

8. 企业研发过程的知识产权管理包括（　　）。

　　A. 专利分析　　　B. 专利申请　　　C. 跟踪检索　　　D. 保密管理

三、判断题

1. 项目管理的目标就是按时完成任务。　　　　　　　　　　　　　　（　　）

2. 在现代市场经济下,制造商品牌与中间商品牌会产生激烈的竞争。

　　　　　　　　　　　　　　　　　　　　　　　　　　　　　　　（　　）

3. 母公司是法人,子公司同样具有法人资格,依法独立承担民事责任。

　　　　　　　　　　　　　　　　　　　　　　　　　　　　　　　（　　）

4. 各类企业的注册资本都没有规定最低限额。　　　　　　　　　　　（　　）

综合练习

5. 所有民营企业都是私人企业。　　　　　　　　　　　（　　）
6. 5S活动的最终结果是使每一个员工养成良好的习惯,并遵守规则。

　　　　　　　　　　　　　　　　　　　　　　　　（　　）

7. 企业创新就是指技术创新。　　　　　　　　　　　　（　　）

四、论述题

1. 你认为大学生创新创业能力不足的主要原因是什么？提升大学生创业能力的重要途径有哪些?
2. 结合身边的实际案例,论述创业团队组建的关键要素和重要性。
3. 试论述人类历史上的四次技术革命及其商业模式。

参考文献

[1] 丽塔·冈瑟·麦克格兰斯,伊安·麦克米兰.创业思维:在不确定时代持续创造机会的战略[M].蔡地,译.北京:机械工业出版社,2021.

[2] 黄一帆,朱瑞丰.从0到1开公司:新手创业必读指南[M].北京:人民邮电出版社,2020.

[3] 任骏菲.创业合伙人:合伙模式+股权设计+退出机制实战全案[M].北京:中国铁道出版社,2020.

[4] 侯杰朝.创业开公司:低成本创业指南[M].北京:化学工业出版社,2020.

[5] 何维克.创业从0到1[M].北京:民主与建设出版社,2016.

[6] 曹海涛.合伙创业:合作机制+股份分配+风险规避[M].北京:清华大学出版社,2018.

[7] 布鲁斯 R.巴林杰,R.杜安·爱尔兰.创业管理:成功创建新企业[M].薛红志,张帆,译.北京:机械工业出版社,2017.

[8] 埃里克·莱斯.精益创业[M].吴彤,译.北京:中信出版社,2012.